从列文虎克谈细胞学

刘枫　主编

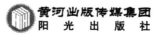
黄河出版传媒集团
阳 光 出 版 社

图书在版编目（CIP）数据

从列文虎克谈细胞学 / 刘枫主编 .—— 银川：阳光
出版社，2016.7（2022.05重印）
（站在巨人肩上）
ISBN 978-7-5525-2792-6

Ⅰ.①从… Ⅱ.①刘… Ⅲ.①列文虎克，A.（1632–
1723）– 生平事迹 – 青少年读物②细胞学 – 青少年读
物 Ⅳ.① K835.636.15–49 ② Q2–49

中国版本图书馆 CIP 数据核字 (2016) 第 181696 号

站在巨人肩上　从列文虎克谈细胞学　　　　　刘枫　主编

责任编辑　徐文佳
封面设计　瑞知堂文化
责任印制　岳建宁

黄河出版传媒集团　出版发行
阳　光　出　版　社

地　　址　宁夏银川市北京东路139号出版大厦（750001）
网　　址　http：//www.ygchbs.com
网上书店　http：//shop129132959.taobao.com
电子信箱　yangguangchubanshe@163.com
邮购电话　0951–5047283
经　　销　全国新华书店
印刷装订　天津兴湘印务有限公司
印刷委托书号　（宁）0020166

开　　本　710 mm×1000 mm　1/16
印　　张　8.25
字　　数　132千字
版　　次　2016年7月第1版
印　　次　2022年5月第2次印刷
书　　号　ISBN 978-7-5525-2792-6
定　　价　35.80元

前　言

　　哲人培根说过:"读史使人睿智。"是的,历史蕴含着经验与真知。

　　科学的发展是一个漫长的过程,一代又一代的科学家曾为之不懈努力,这里面不仅有着艰辛的探索、曲折的经历和动人的故事,还有成功与失败、欢乐与悲伤,甚至还饱含着血和泪。其中蕴含的人文精神,堪称人类科技文明发展过程中最宝贵的财富。

　　本系列丛书共 30 本,每本以学科发展状况为主脉,穿插为此学科发展做出重大贡献的一些杰出科学家的动人事迹,旨在从文化角度阐述科学,突出其中的科学内核和人文理念,提升读者的科学素养。

　　为了使本系列丛书有一定的收藏性和视觉效果,书中还汇集了大量的珍贵图片,使昔日世界的重要场景尽呈读者眼前,向广大读者敬献一套图文并茂的科普读本。

　　由于编者水平有限,加之时间仓促,疏误之处在所难免,敬请广大读者批评指正。

编者

目　录

列文克虎的自我介绍

一个人要有所成就，必须呕心沥血，孜孜不倦。

——列文虎克

名句箴言

自我介绍

我是荷兰的显微镜学家、微生物学家——列文虎克。1632 年 10 月 24 日出生在荷兰的代尔夫特。在我小的时候家里生活很拮据，所以幼年没有受过正规教育。1648 年到阿姆斯特丹一家布店当学徒。20 岁时回到代尔夫特自营绸布店。中年以后被代尔夫特市长指派做市政事务工作。这种工作收

站在巨人肩上——从列文虎克谈细胞学

列文虎克

人不少，又很轻松，使我有较充裕的时间从事自幼就喜爱的磨透镜工作，并用之观察自然界的细微物体。由于勤奋及我特有的天赋，我磨制的透镜远远超过其他同时代人。我制造过很多放大透镜以及简单的显微镜，形式多种多样，透镜的材料有玻璃、宝石、钻石等。

我对于在放大透镜下所展示的显微世界非常有兴趣，而我观察的对象也非常广泛，有晶体、矿物、植物、动物、微生物、污水等等。1674 年我开始观察细菌和原生动物，即"非常微小的动物"。我还测算了它们的大小。1677 年我首次描述了昆虫、狗和人的精子，并于 1684 年准确地描述了红细胞，证明马尔皮基推测的毛细血管是真实存在的。1702 年我在细心观察了轮虫以后，指出在所有露天积水中都可以找到微生物，因为这些微生物附着在微尘上、飘浮于空中并且随风转移。我还追踪观察了许多低等动物和昆虫的生活史，证明它们都白卵孵出，并经历了幼虫等阶段，而不是从沙子、河泥或露水中自然发生的。

经朋友介绍，我和英国皇家学会建立了联系，1673—

1723 年我将自己的发现陆续以通信的方式报告给学会，其中大多数都发表在《皇家学会哲学学报》上；我提供的第一幅细菌绘图也在 1683 年该学报上刊出。幸运的是 1680 年被选为该学会的会员。

在世界上我是第一个用放大透镜看到细菌和原生动物的人。尽管我缺少正规的科学训练，但对肉眼看不到的微小世界的细致观察、精确描述还是取得了众多的惊人发现，为 18 世纪和 19 世纪初期细菌学和原生动物学研究的发展，起了奠基作用。

由于我划时代的细致观察，成为举世闻名的科学家。许多名人，包括英国女王、俄国的彼得大帝都曾访问过我。

当然，由于基础知识薄弱，我所报道的内容仅限于观察到的一些事实，未能上升为理论。

列文虎克生于代尔夫特，靠自学成才。荷兰显微镜学家和博物学家。当过学徒，开过杂货店，做过市政厅的看门人。一生酷爱制作放大镜和显微镜，共制作了400多台显微镜和放大镜，他去世后遗赠给英国皇家学会26台仪器和一些透镜，透镜的放大率为50～200倍。1680年当选为英国皇家学会会员。主要著作是题为《大自然的奥秘》的论文集。1688年用显微镜观察蝌蚪尾巴发现了微血管，与马尔皮基共同证实了哈维的血液循环论。1675年发现了原生动物和精子；1681年发现了细菌，为微生物学和医学奠定了基础。

大名鼎鼎地科学家曾经

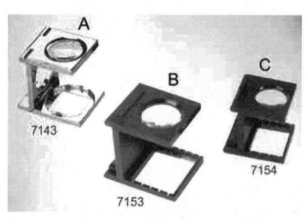

10倍折叠式放大镜

做过看门人，每天开门、关门，来客登记，是一个不被重视的弱势群体。有时兼任打扫卫生的工作，在每天的大部分时光中，他们只是坐在接待室里的椅子上，看着进进出出的人们。然而我们现在要提到的这位看门人却不是等闲之辈，他后来当上了英国皇家学会的会员。

到此时，怎么看列文虎克都不像是科学家的料，出身于手工艺人家庭而非科学世家，没有充足的家财，没有受过高等教育，除了荷兰语外，其他语言一窍不通，尤其当时科学家必备的拉丁文，列文虎克同样大字不识一个。有多少人在平凡的岗位上平庸下去，同时，我们也可以在任何一种岗位上发现奋发向上、最终成功的人。列文虎克属于后一类人。由于看门工作比较轻松，时间充裕，列文虎克经常可以接触各行各业的人。在一个偶然的机会里，他从一位朋友那里得知，在首都阿姆斯特丹有许多眼镜店，除磨制镜片外，也磨制放大镜。朋友告诉列文虎克，放大镜是一种很奇妙的新玩意，可以将很微小的东西放大，使观察者可以清清楚楚地观看。

据说早在古罗马帝国时期就有放大镜。传说昏庸皇帝尼禄，就曾用一块表面磨得很光滑的宝石，放在眼前观看竞技场上角斗士的搏斗。公元13世纪末，世界上就已经出现了矫正视力的眼镜。后来，欧洲西海岸的荷兰逐渐成为眼镜制造业的中心。1590 年左右，一个叫作詹森的眼镜制造商发现，当把两块凸透镜前后放置，并调整两块透镜的距离时，人眼透过两块透镜观察，可以发现原来很小的物体被放大了。于是，詹森在一个中空的长管两端分别装上透镜，制成了世界上第一架复式显微镜。但是当时的人们并没有意识到它的科学价值，只是把显微镜当成玩具，用来观看跳蚤的一举一动，所以显微镜当时也叫跳蚤镜。好奇心强烈的列文虎克得知跳蚤镜的功能后，也想拥有一架。不过他跑到眼镜店一问，价格惊人，不是他所能支付的。好在列文虎克出身于艺人家庭，自己也当过学徒，手工活做得不错，看了眼镜店的人磨镜片的过程，自己便默记在心，回去后找来玻璃材料，利用自己充裕的时间，耐心地磨起了镜片。早期的显微镜做得都很粗糙，不是放大倍数不够，就是镜面不够光滑，成像模糊。心灵手巧的列文虎克磨出的镜片虽然很小，但是质量却是当时最好的。他给自己的透镜制作了一个架子，并在透镜下面放置了一块铜板，在铜板上钻一个小孔，让光线从底下向上透过来，照亮被观察的物体。

自从有了自己的显微镜后，列文虎克只要有小东西就一个接一个地放在镜下，兴致勃勃地观看它们的庐山真面目。显微镜下蜜蜂腿上的短毛，竟然如缝衣针一样地竖立着，让人有点害怕。随后，列文虎克又观察了蜜蜂的螯针、蚊子的长嘴和一种甲虫的腿。好奇心得到满足后，列文虎克又开始制造更大倍数的显微镜，他想看清楚更小的物体。

　　尽管列文虎克后来从事了许多工作如酒类化验员、政府小职员、财产保管员等职位，唯一不变的是他对显微镜制造和观察微观世界的浓厚兴趣。列文虎克一生中制造了491架显微镜，有的显微镜可以将物体放大二三百倍，可惜只有十来架保存到现在。当时的手工艺人对自己的技艺是保密的，公开了自己的技艺饭碗就保不住了。虽然显微镜制造并不是列文虎克的谋生之道，但是他依然保持了艺人的传统，秘不示人。不过有那么多得意之作和新发现，不找个人分享实在是心里憋得难受，因此列文虎克对自己的朋友格拉夫敞开了大门。格拉夫是一位医生兼解剖学家，还是英国皇家学会的通信会员。他早就听人说列文虎克常常把自己关在屋子里磨制神秘的镜片，在列文虎克的邀请下，他欣然而至。看到琳琅满目的显微镜，以及显微镜下的奇妙世界，格拉夫震惊了。他明白这些是了不起的发明和发现，立刻鼓励列文虎克将自己的观察记录整理出来，寄给英国皇家学会发表。当列文虎克听到显微镜也要送交皇家学会审查时,艺人的警惕之心骤起,他立刻将显微镜收了起来。格拉夫只好耐心地给这位民间科学家解释,上交论文和实验器材是科学研究的需要,而不是有人要贪图他的宝贝发明。在好友的劝说下,列文虎克终于同意将自己的发明和发现公之于众。

1673年,列文虎克把他的文章《列文虎克用自制的显微镜,观察皮肤、肉类以及蜜蜂和其他虫类的若干记录》寄给了英国皇家学会。面对一个陌生的"学者"和一篇名字拗口的学术文章,学会的专家们带着轻视的态度开始阅读观察记录。令他们惊奇的是,这篇文章记录的内容是从未有人深入研究的微观世界,作者对显微镜下的活体的描写生动有趣:"大量难以相信的各种不同的、极小的'狄尔肯'……它们活动相当优美,它们来回地转动,也向前和向一旁转动……""啊!看来这是一项非常有价值的研究成果。"学会专家们开始重视起来。然而文章最后的结论惊呆了各位专家,作者宣称"一个粗糙沙粒中有100万个这种小东西;而在一滴水中,'狄尔肯'不仅能够生长良好,而且能活跃地繁殖——能够寄生大约270多万个'狄尔肯'。"这太令人难以置信了。经过严格地检验,皇家学会的会员们发现,列文虎克那些看似荒诞不经的"狄尔肯"故事，在微观世界里竟然都是真实的。这样，实验报告得到了承认，并译成英文发表在皇家学会的刊物上。列文虎克不久被接纳为英国皇家学会的正式会员。这个默默无闻的荷兰平民，一下子成为欧洲的知名科学家。他发现的"狄尔肯"就是后来人们常说的微生物。

　　1675 年，雨水成了列文虎克的观察对象，他描述道："我用 4 天的时间，观察了雨水中的小生物，我很感兴趣的是，这些小生物远比直接用肉眼所看到的东西要小到万分之一……这些小生物在运动的时候，头部会伸出两只小角，并不断地活动……如果把这些小生物放在蛆的旁边，它就好像是一匹高头大马旁边的一只小小的蜜蜂……"雨水中的小生物其实就是原生动物。1683 年，牙垢成了列文虎克关注的对象，他发现任口腔中竟然躲藏着许多"小动物"，它们

列文虎克看显微镜

像蛇一样用优美的弯曲姿势运动。他惊叹地记录道："在人的口腔的牙垢中生活的动物,比整个荷兰王国的居民还要多。"这就是人类第一次观察到细菌时发出的感叹。

列文虎克并没有陶醉在巨大的荣誉之中,他还是一如既往地把自己关在屋子里,用显微镜记录微观世界里发生的故事。1723年,91岁的列文虎克在弥留之际,将自己制作的部分显微镜、放大镜,以及精良仪器的制作秘诀,赠送给了英国皇家学会。一个普通的看门人,用自己持久的好奇心、执着勤奋的精神和微薄的收入,开辟出一片崭新的科学研究天地,他的故事永远值得后辈人牢记在心,细细寻味。

列文虎克的发明开辟了一个新的时代,可以说列文虎克是真正的微生物界的鼻祖,更加开创了生物细胞研究的先河。本书将在之后的篇章向您讲述细胞学的起源与发展。

奠 基 阶 段

名句箴言

人生得价值，并不是用时间，而是用深度去衡量的。

——列夫·托尔斯泰

细胞理论的综合介绍

还原论的细胞理论

人类对生命物质结构的认知是从整体观开始的。生命，就是指具有生命活动的一个整体人，或者一个整体动物。后来，随着解剖学的发展，我们认识到生物体是由各个功能系统组成的，如呼吸系统、消化系统、循环系统等等。后来又认识到，每个系统又是由一组器官组成的,如消化系统是由口、食管、胃、肝、胰、十二指肠、空肠、回肠、结肠、乙状结肠和肛门等器官组成的。等到显微镜发明以后,通过显微镜的观察,人们又发现一切器官都是由细胞组成的。在当时的认识水平上,细胞成了生命物质不可再分的最基本单位。因此,按照现代科学还原论的理论指导,人们就将细胞确认为生命的最基本物质。也就是说,在回答"什么是生命"这个问题时,可以回答说"细胞就是生命",或者,"生命就是细胞"。这样就建立了生命的细胞学说。

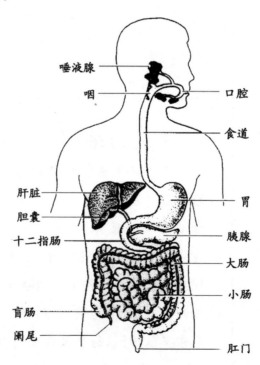

人的消化系统

还原论细胞理论的建立过程

17 世纪 60—70 年代，列文虎克、罗伯特·胡克和斯旺麦丹等人，利用刚刚发明的显微镜发现了细胞。到 19 世纪中期，也就是 200 年后，初步的细胞学说才由施莱登总结得出。施莱登是研究植物学的，所以，他的细胞学说主要是针对植物而言的。他认为，细胞是一切植物的结构的基本的活的单位，是一切植物赖以发展的基本实体。细胞是有生命的独立单位。植物的发育是靠新细胞的不断形成实现的。

在初步的细胞学说建立以后，施旺在施莱登研究的基础上，将细胞学说从植物学领域扩大到动物学和所有生物学领域。使细胞学说成为全部生物学的最基本的理论。施旺认为，异常繁多、丰富多彩的动物形态只有通过简单的基本形成物的不同组合才能产生出来。这些基本生成物，虽然有各种不同的变种，但是本质上处处都是一样的。就是说，它们都是细胞。有机体的基本部分不管怎样不同，它们都有一个普通的发育原则，这个原则便是细胞的形成。施旺宣称，他已经推倒了分隔动物界和植物界的巨大障碍，发现了基本结构的统一性。他说，所有的细胞，无论植物细胞还是动物细胞，均由细胞膜、细胞质、细胞核组成。

在细胞学说当中,菲尔绍也是功不可没的。细胞病理学的就是他创造的。他将细胞理论应用于对疾病的理解。菲尔绍认为,细胞是形成组织、器官、系统和个体的相互隶属的巨大形成链中始终不变的最后一环。在其下面,除了变化,再没有别的了。他认为,"疾病"实际上是改变了的"生命"。在正常和病理之间,并没有质的区别。生命过程和结构的通常程序及安置受到了疾病的干扰,但仍保持着即使是疾病也必须遵守的基本的过程和结构。这样,菲尔绍不但确定了疾病的定义,而且将细胞确定为疾病发生的位置。这样,细胞学说不但是生物学的基本原理,也成为医学的基本原理。从那时到现在,又有 100 多年的时间过去了。虽然后来有了基因理论的出现,但主导现代医学的仍然是微尔的细胞病理学。我们现在的绝大多数医学研究人员都是细胞病理学的信奉者和执行者。

贝尔纳对还原论细胞理论的最后加工的过程

一般研究者在研究细胞理论时,大部分到此结束。但是,我们后现代理论医学认为到此还不能结束。我们现在要说的是,细胞理论还有一个最后加工的过程。这个最后加工的过程是由法国的贝尔纳完成的。

按现在后现代科学的系统理论观点,细胞理论是机械论、还原论的产物。将复杂的生命运动归结为细胞的活动是片面的、不正确的。细胞只不过是生命系统中的一个物质层次，细胞处于复杂的相互作用之中。正是这些复杂的相互作用，才反映了生命的本质。而一个细胞的单纯的状态，并不能代表生命整体的状态。系统论与还原论是根本不同的两种观点。当我们站在系统论立场上指出还原论错误的同时，也应该认识到还原论产生的时代背景和历史必然性。我们不可能要求在当时科学水平的人们产生系统论思想。但是，当我们回顾历史的时候，却惊喜地发现，尽管当时的人们无法一步走到系统论的程度，他们还是在潜意识中感觉到单纯的细胞理论距生命整体较远，并缺少可操作性。无法在临床数据中广泛应用。正是为了解决细胞与整体之间的关系，法国的贝尔纳创立了一套"内环境平衡"的理论。这个理论以细胞理论为核心，解决了细胞与整体之间的关系问题，使细胞理论在临床实践中得以实行。即"初步给出一个说法"。不论这个说法正确与否，它的意义在于"可以按此方向行动"，正确与否是一回事，能否行动又是一回事。也正因为在临床实践中得以实行，才最终确立了细胞理论的存在。因为贝尔纳的工作，临床医学正式进入细胞医学阶段。与此同时，贝尔纳所倡导的实验方法，也被现代医学所接受。现代医学又称为细胞医学和实验医学。这都是与贝尔纳的工作分不开的。现代医学有许多开创者，而贝尔纳是现代医学的定型者、完成者。可以相当于物理学中的牛顿。当然,贝尔纳没有牛顿那么大的名气。正因为如此,贝尔纳去世时,在法国得到国葬的最高礼遇。

名句箴言

我所学到得任何有价值的知识都是由自学中得来的。

——达尔文

细胞理论的前期奠基

由于显微镜的诞生,使人们发现了细胞,也找到了一个新的世界。但是,在这以后的 100 多年中,人们对于细胞的观察大多停留在外貌上。还不能看清细胞的内容物,也没有认识到细胞是动物和植物的结构单元。总之,人类对细胞的认识并没有什么突破性的进展。显微镜固然可以使人们大开眼界,一下子看到了一个新的天地,看到了许多新的东西,但是,要理解、消化这些发现,提出某种理论来说明这些发现,却需要比较长的酝酿时间。到 19 世纪,由于显微技术的改进,人们才从过去简陋、粗糙、片面的死细胞的研究,进入到多样、精细、全面的活细胞的研究上来。

在早期细胞发现者中,只有英国植物学家格鲁观察到细胞内含有物质并将它记载下来。他在植物组织中不仅观察到小室的构造,而且发现小室内充满黏性液体。据此,他将它命名为"液泡"。循着格鲁的发现,似乎可以进入对细胞内部结构的研究了。然而,不仅格鲁本人没有认识到细胞内含物的重要性,没有对之进行更深入的研究,就是在他以后 100 年内,也没有人在这方面做出更多贡献。从细胞发现到 19 世纪初细胞学说的创立,中间等待了近 200 年。这样停滞不前的原因是什么? 17 世纪上半叶,细胞发现者们用的复合式显微镜或者单镜头显微镜有一个很大的弊病,它反映出来的物象周围有一层光环,使图像的清晰度受到很大干扰。也就是说,当时的观察受到透镜色差的障碍。18 世纪中叶,英国仪器制造匠多隆德制造出消色差物镜。到 19 世纪初意大利的阿米奇和其他人改进了消色差显微镜。1830 年第一台改良的消色差显微镜在市场上出售。这就为研究生物的基本结构提供了更有力的武器。1833 年,发现布朗运动的英国植物学家罗伯特·布朗研究他由澳洲搜集来的植物时,发现表皮层细胞内含物中有一种构造,于是,他将其命名为"细胞核"。后来,他又进一步在各种植物的花粉、胚珠及柱头等处发现了同样的细胞核。这一发现,成为后来第一个提出细胞学说的德国植物学家施莱登进行工作的出发点。但是,我们不要忽视当时的科学气氛和学术思潮对细胞学说创立者的影响。从生物学的历史来看,17、18世纪的学者主要研究动物和植物的形态和分类。而到18世纪的下半叶和19世纪初,胚胎学的研究和显微镜的应用兴盛起来,成为当时学者最感兴趣的课题。科学家兴趣中心的转移,反映了科学发展的内在要求。因为形态学和分类学研究的进一步发展,必然会产生各物种之间的关系问题和物种起源的问题。为了回答这些问题,对生物发育问题的研究,随之对微观构造的剖析研究也就必然会兴起,成为一段时期的热门话题。这是科学发展的内在逻辑。值得注意的是,当时科学发展的这种要求和趋势在德国的哲学思潮中反映出来。18世纪末,在德国兴起了一个以谢林和奥肯为首的"自然哲学派"。他们继承康德关于宇宙是历史发展产物的思想,试图以发展的观点说明自然界。奥肯尤其对生命的发生和发展感兴趣。他提出,生命是地球演变的结果。细胞是生命的原始状态。"在地球的演变结束时,也就是在地球成功地集合并甄别了所有的元素,并使它们在一道并在同一时间出现在每一个点上的时候,草履虫般的黏液就出现了。"他认为,所有生物都源自这种黏液囊泡,它是生命的原始结构,也是组成有机体的构造单位。一切生物都由黏液囊泡组成。他提出黏液囊泡有两种生命,作为有机体组成部分的生命和自己的生命。当有机体死亡时,黏液囊泡自己的生命并不随之而亡。它继续活着,以作为形成另一种有机体的材料。施莱登首先建立的细胞学说,在很大程度上打上了那个时代、那个社会的烙印。

　　17世纪初期,人们使用的一直都是简单显微镜。它仅在一个没有任何饰物的底座上,有一块粗糙的球面透镜。复合显微镜,所成的像由于受到球面像差、色差及其他问题的干扰而不理想。复合显微镜的优点在于它能够引入更大的光强,并能够最大限度地收集到从透镜反射来的光线,因此能

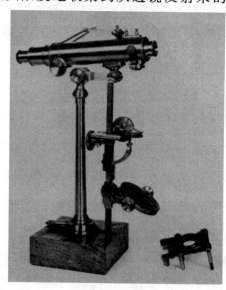

最早期的显微镜

够最大限度地辨别微小的被观察物。然而,因为没有光学校正,这些优点都被最后产生的模糊结果——该结果还要受到有色光环的进一步干扰掩盖了。直到 1830 年,光学的理论和实践才能够解决这个问题。通过将不同折射率的透镜组合起来,色相差可以被消除。而球面像差也可以得到一定程度的控制。 早先的细胞理论家都用简单显微镜,到 1840 年,改进了的复合显微镜产生了,于是立刻就变成所有显微镜使用者必不可少的工具。通过它,证实了假设中所有动物、植物的细胞基础,肯定了细胞病理学,并纠正了细胞繁殖方面的一些错误观点。19 世纪期间,显微镜继续得到了改进。到 1880 年,主要由于恩斯特·阿贝的光学研究以及卡尔·蔡斯公司过硬的制造工艺,显微镜这个工具逐渐达到了它的极限。极大的放大倍数和很高的分辨率。假如没有足够的分辨率,那么放大的倍数再大,也是没有意义的,都可以通过油浸显微镜获得,像差和失真被降到最低程度。众多的显微镜技术得到发明。而显微镜实践及其细致的教学也成为近代生物学的标志。这种新工具很快就给我们带来了很多好处。它的观测能力加上对材料的适当处理,使细菌学和亚细胞结构的研究在 19 世纪 80 年代获得了令人瞩目的进展。前者在医学界引起了一场革命,而后者为后来对遗传学进行解释奠定了坚实的基础。

名句箴言

在观察得领域中，机遇只偏爱那种有准备的头脑。

——巴斯德

细胞理论的近期准备

从细菌到植物、动物及人类，所有生命的基本结构和功能单位都是细胞。一切复杂的、瞬息万变的生命活动都是在细胞内进行。

早在 17 世纪以前，人们对细胞还一无所知。直到 1665 年，英国物理学家胡克用他自己制造的显微镜观察软木切片时，发现其中有很类似蜂窝状的"小室"，就称之为细胞。实际上,胡克当时所看到的只是植物细胞死亡后残留下来的壁和空腔。但是,它的发现却具有极其重要的意义,使人们对生物体结构的观察和研究进入了一个新的领域,打开了生物微观世界的大门。

19世纪,显微镜构造的重大改进导致对细胞的认识也有了重大发展。1840年前后,人们已经认识到细胞主要由细胞核和细胞质两部分组成,在核内还有核仁,甚至发现在植物细胞内还含有叶绿体。德国植物学家施莱登和动物学家施旺在认真总结前人积累的知识基础上,又各自对植物细胞和动物细胞进行了深入的研究,并分别于1838年和1839年发表了他们的研究成果,首次提出了著名的细胞学说,即:所有生物体,从简单的单细胞生物到复杂的高等动植物都是由细胞构成的。他们明确地指出了细胞是有机体的结构和功能单位。

细胞学说的建立,不仅有力地批判了"神创论",并且有助于说明生物界的物种是由低级逐渐进化到高级这一进程,在当时具有划时代的意义,这是当时的科学家对生物界的统一性及其进化观所提出的最有力的唯物主义证据之一。对此,恩格斯曾给予极高的评价,认为细胞学说是19世纪自然科学的三大发现之一。恩格斯写道:"19世纪的第二个发现,是施旺和施莱登的有机细胞,发现它是这样一种单位——一切机体,除最低级的外,都是从它的繁殖和分化中产生和成长起来的。有了这个发现,有机的、有生命的自然产物的研究——比较解剖学、生理学和胚胎学——才获得了巩固的基础。""机体产生、成长和构造的秘密被揭开了,从前不可理解的奇迹,现在已经表现为一个过程,这个过程是依据一切多细胞的机体本质上所共同的规律进行的。"由此可见,细胞的发现和细胞学说的建立,对人们认识生物界和生物科学在各个方面的研究都起了很大的推动作用。

人们利用显微镜发现细胞这个用肉眼看不见的奇妙世界。第一个给细胞命名的是英国著名科学家罗伯特·胡克。1663 年,胡克在显微镜下对软木片进行观察时发现了一个个像蜂窝一样排列的巢房,房子是空的,他把这些小房间称作细胞。其实,胡克看到的并不是活细胞,而是软木组织中死细胞留下的空腔,也即细胞壁。尽管这些先驱者们都看到了细胞,但是由于当时的显微镜技术刚刚发展,他们还只能看到细胞的外观形态,辨别不清细胞内部的结构,因此不可能理解细胞的真正的重要意义。在此后的 100 多年中,细胞都未能引起人们足够的重视。

列文虎克可以说是所有热爱使用显微镜的人中的先驱。本行是麻布商的列文虎克利用自制的显微镜在业余时间进行实验,且十分狂热。他一生制造了 247 台显微镜和 172 个镜头,为荷兰皇家学会装备过一个包括 26 台显微镜的实验室。他从自己的牙缝中剔出牙垢,放在镜下,呈现在镜下的小动物令他大吃一惊。他对许多荷兰公民吹嘘说："我的嘴里竟然有这么多动物，而且还在快活地动着。"1683 年，列文虎克在给皇家学会的一封信上，还绘出显微镜下看见的动物。医学界称列文虎克为"细菌学之父"，其实他并不很清楚自己到底发现了什么。

1809 年，德国的自然哲学家、博物学家奥肯提出了原浆原胞的假说。这可以说是细胞学说的萌芽。奥肯假定，一切生物体中都含有一种原始的黏液状的物体，即原浆。这种原始的黏液状的物体最初是在大海中由无机物质产生的。它的表面逐渐加厚，形成一种球状的小包，奥肯把这种小包叫作纤毛虫，也叫原胞。他认为，所有的生命都是由这种纤毛虫的小胞组成的。最简单的生物是由一个小包组成，这也就是纤毛虫，而动物和植物是纤毛虫的"群体"，不过每个纤毛虫都放弃了自己的独立性，从属于作为一个整体动植物的有机体。尽管这种假说缺乏严格的实验依据，更多是哲学上的推测，但却激发了科学家们去继续寻找组成动植物的"原型"。1824 年，法国生物学家迪特罗歇根据他在显微镜下的观察，明确提出，动植物的组织和器官都是由小球，也即细胞构成的。但是他的看法并没有引起人们的重视和承认。

1831 年，英国植物学家布朗在观察兰花细胞时发现，细胞中的液体物质并不是均一的，每个兰花细胞中都有一个圆形的核状物，布朗把这些核称作细胞核。之后，捷克生理学家普金叶和他的学生瓦伦丁又观察到了动物细胞中的细胞核，发现了母鸡卵中的胚核。他们提出了皮组织、神经组织、软骨组织都是由细胞组成的，他们把细胞称作小粒，并描述了每个小粒中有一个更小的核。英国植物学家布朗于1831年，在研究施肥对植物的影响时，利用了一台放大倍数约为300倍的显微镜，注意到植物细胞内部还有其他的结构，通过仔细观察，他发现了植物细胞的细胞核，并发现一个植物细胞只有一个细胞核。布朗当时对于细胞核的生物学含义既不重视又不理解，因而也没有进一步研究细胞核的结构和功能。布朗最著名的发现是我们现在所称的"布朗运动"，即悬浮花粉微粒的无规则运动。此外，他在高等植物的繁殖过程以及化石植物研究方面颇有名望。

知识本身并没有告诉人们怎样运用它，运用的方法乃在书本之外。

——培根

名句箴言

比较胚胎学的创始人
——冯·贝尔

由于受显微镜的局限，观察不够仔细，加上宗教信仰等观念的束缚，利用显微镜得出的观察结果反而支持了先成论的教条，有的人甚至声称在精子和卵子中看到了"小人"。先成论的错误观点持续了近 100 年，阻碍了人们对细胞学的认识。直到 1827 年冯·贝尔发现了哺乳动物的卵子，才开始对细胞本身进行观察。

冯·贝尔

19 世纪，冯·贝尔将胚胎学的发展推向一个新的更高的阶段。在贝尔等人的努力下，胚胎学在很短的时间里，发展成为一门成熟的学科，不论在理论上、方法上，还是所取得的成果上，胚胎学都为 19 世纪生物学的最高成就——达尔文的进化论，提供了丰富的根据，并为胚胎学发展史上另一个重要的阶段——实验胚胎学的诞生，奠定了一定的基础。

冯·贝尔出生在俄国的一位贵族家庭里，他大学学习的是医学，可他对医学并不感兴趣。在里加大学，贝尔结识了解剖学家潘达尔，潘德尔对胚胎学很感兴趣，这一点深深影响了贝尔。贝尔从此放弃了行医的打算，专门从事解剖学、胚胎学、生理学和比较胚胎学的研究。为了从事科学研究，他变卖了自己的所有家产。因为在家乡难找到合适的工作，贝尔于 1817 年来到曾隶属于德国的哥尼茨堡解剖学院做助教，后来成了副教授。1834 年他回到彼得堡，此后，他的大部分时光是在俄国度过的。他的论文大部分则是以德文发表的。贝尔是个兴趣广泛的人，他还曾去过距北极很近的拉普兰进行考察，并且很关心俄国的农业、林业和渔业等，提出了许多建议，可惜很少被采纳。到了晚年，贝尔很关注达尔文的进化论，虽然他的成果很多被达尔文用作支持进化论的证据，贝尔却是位坚定的反达尔文主义者。

1827 年，贝尔发表了《论哺乳动物是人的卵起源》，他在书中写道："我在 4 月或 5 月的头几天里同布尔达赫谈到过，我决不会再怀疑哺乳动物的卵是从卵巢里产生出来的，而且我十分希望得到一条交配才几天的母狗……偶然，布尔达赫家里有这样一条母狗。它被贡献出来。当我把它解剖开时，发现有几个格拉夫及卵泡已经破裂，没有十分接近于破裂的。当我由于希望破灭而垂头丧气地观察卵巢时，我看到一个小黄斑点。奇怪！我想，这一定是那种东西吧？我剖开卵泡，小心地用小刀把小斑点放进装满水的玻璃皿里，然后我把玻璃皿放在显微镜下面。当我观察小斑点时，我惊奇万分，因为我清楚地看到一个很小的、明显长成的卵黄球……我不曾想到，哺乳动物卵的内含物同鸟的卵黄看起来是如此相似……使我吃惊的是，我看到了一个有明显标记的、由一个坚固的薄膜包围着的、按一定规则运动的小球。这个小球同鸟的卵黄不同之处仅仅是有一层坚固的、把一些东西隔开的外膜……狗最初的卵就这样找到了。"这本书首次准确报道了哺乳动物的卵。这是人类第一次发现胎生动物的卵。贝尔后来又相继在猪、羊、牛、兔以及人的体内发现了卵。其中在人体中找到卵是很不容易的,因为人类每个月大约才有一个卵细胞成熟并从卵巢中排出。通过对动物卵的比较研究,贝尔提出:卵的构造是一致的。

17世纪,发现了胎生动物的精子,100多年以后又发现卵。在胎生动物体内,精子远比卵子小得多,但由于精子比卵更易于得到,所以人类先发现的精子,后发现了卵。不过从方法上看,贝尔的方法并不很复杂,但是却很巧妙。总之,发现胎生动物的卵,是贝尔的一大贡献。在贝尔之前,关于卵的认识是极为混乱的。哈维提出"一切动物来自于卵",他却未能说清楚卵是什么;格拉夫误将卵泡误认作卵。贝尔的卵的发现结束了这种混乱状况。

贝尔的另一个重要的贡献是他将个体发育过程概括总结成胚层理论。他的好友潘德尔也从事过这方面的工作,并且描述了鸡胚的胚层。贝尔从实验上、更主要的是从理论上扩展了胚层理论,他提出胚层现象的存在是动物界的一条普遍规律。贝尔的胚层理论认为,在动物胚胎的发育中,最初的重要发展阶段是四个组织层的出现:不同动物体内的相同器官是从相同的胚层发育而来的,最外层胚层发育成皮肤和中枢神经系统,第二层胚层发育成骨骼和肌肉,第三层胚层发育成血管,最内一层胚层发育成食道及附属系统。一般说来,不同的动物的相同组织和器官产生于胚胎的相同胚层还可以解释为什么不同的动物具有相同功能的结构(同功器官),如昆虫的气管和哺乳动物的肺,因为它们具有相同的胚层起源。贝尔还将胚胎发育分成三个主要时期:首先是原始的分化或四胚层的形成,其次是组织的分化或胚层内不同组织的形成,最后是形态上的分化或不同的组织构成器官或器官系统。

1845 年,德国医生雷马克认为中间的第二胚层和第三胚层应属于同一胚层。从而将四胚层理论修改为三胚层理论。这个论点被绝大多数科学家接受了。后来赫胥黎以及海克尔这两位进化论者又丰富和发展了胚层理论。

贝尔的第三个重要贡献是在鸡的胚胎中发现了脊索,以后他又在哺乳动物的胚胎中也发现了脊索。他提出脊索存在于脊椎动物的胚胎中,随着发育,脊索逐渐被软骨和骨取代,最后成为脊柱;除了脊椎动物外,其他动物看不到脊索,因此,脊索可作为断定脊椎动物的标志。后来,俄国动物学家科瓦列夫斯基发现并描述了成体内仍保留脊索的原始动物,于是使得原来认为的脊椎动物与无脊椎动物之间存在明显界限的观点必须修改了。

生物发生律是贝尔提出的第四个重要贡献,即高等动物的胚胎在发育中要经历与低等动物所经发育阶段相似的阶段。贝尔的生物发生律主要反映在他的胚胎学名著《论动物的进化史——观察与回想》中。贝尔的生物发生律,以及他创立的比较胚胎学,都为达尔文的进化论提供了有力的支持,他本人却坚决反对达尔文的自然选择学说,认为自然选择学说太机械了。这可能是贝尔的意识形态造成的。在贝尔的身上,可以看出那个时代一些科学家的矛盾,一方面强调客观地观察、描述、实验和分析;另一方面又被所秉承的时代思潮所困惑。贝尔信奉的是当时在德国很流行的自然哲学。在他看来,"生物界里的一切变化都按照自身的规律——作为自然的现象——朝着更完善的方向发展。因此他无法理解达尔文的自然选择学说。"

早在 1855 年,已观察到了鱼类中的受精现象。1879
年,发现了高等动物精子进入卵的过程。1884 年,又发现
了高等植物的雄核从花粉管进入卵子内与卵子结合的现
象。这样,受精的细胞学基础在 19 世纪 80 年代前后基本
被认识了。其间,1879 年弗莱明把"染色质"这一名称表
示细胞核的物质,后来又给染色质下了定义;1880 年斯特
拉斯伯格研究了紫露草属的活的雄蕊丝细胞的分裂,1882
年细胞分裂被称为"有丝分裂"。从这些研究中,引出了关
于细胞分裂阶段各期顺序的正确认识。它表明,植物细胞
和动物细胞基本上是相同的。

受精的细胞学基础和细胞有丝分裂这两方面的发现,
促进了人们对生殖细胞形成的研究。早在 1848 年,霍夫
曼斯特在紫鸭跖草的花粉母细胞中就看到过核的消失和
球状小体的出现,但他未给以新的名称;直到 1888 年,才
由德国解剖学家沃尔德耶把这些染色的小体命名为"染色
体"。从 1880—1890 年,通过对细胞分裂做的一系列观
察,贝内登在动物中,斯特拉斯伯格在植物中分别发现了

减数分裂现象。到 1905 年，法默和穆尔证实了减数分裂在生物有性生殖中的普遍性。从此，人们认识了动植物世代繁殖的基本规律。这条规律指出，精子和卵子都有减数分裂，受精后染色体恢复原数，这便是每个生物物种染色体一般保持恒定数目的根据所在。

细胞学说的建立

名句箴言

知识有如人体血液一样宝贵。人缺了血液，身体就会衰弱；人缺少知识，头脑就要枯竭。

——高士其

细胞学说之父
——施莱登和施旺

在 18 世纪末、19 世纪初，德国诗人、自然科学家歌德认为有机界的多样性是从物质的神圣统一性与第一原理衍生出来的，即由共同的原型所组成。德国自然哲学家、生物学家 L.奥肯根据自然哲学思想与不确切的观察，提出由球状小泡发展成的纤毛虫是构成生命的共同单位。学者们寻找动植物原型的思想对细胞学说的提出有一定影响。

19世纪二三十年代,有些学者提出"小球"可能是植物或动植物的基本结构。其中法国生理学家迪特罗谢曾明确指出所有动植物的组织和器官都由小球构成。但是他所指的小球比较含糊,有时是细胞,有时是细胞核,有时甚至是早期显微镜缺陷所造成的衍射圈。与此同时,有些学者开始采用消色差显微镜。1831年,英国植物学家布朗在兰科植物叶片表皮细胞中发现了细胞核。1835—1837年,捷克生物学家浦肯野及其学生瓦伦廷对构成动物某些组织的"小球"进行描述,并提到与植物细胞有相似性。

1838年,德国植物学家施莱登在《植物发生论》中提出只有最低等的植物,如某些藻类和真菌是由一个单细胞组成的。高等植物则是各具特色的、独立的单体即细胞的集合体,因而认为细胞是组成植物的基本生命单位。他还认为细胞的生命现象有两重性:一方面细胞是独立的,只与自身生长有关;另一方面又是附属的,是构成植物整体的一个组成部分。他研究植物的个体发育,发展了布朗关于细胞核的看法,认为核与细胞的产生有密切关系,并把它称为细胞形成核。他描述了先由黏液颗粒长成细胞形成核,再在其表面出现小囊,逐步形成细胞的过程。他认为所有显花植物都具有共同的细胞形成规律。

1837年10月,德国动物学家施旺由施莱登的研究成果而受到启发,认识到从细胞核入手对论证植物细胞与动物细胞的一致性有重要意义。1839 年他出版了《动植物的结构和生长一致性的显微研究》,提出了细胞学说。他通过对蝌蚪脊索细胞和不同动物软骨细胞的研究,阐述了动物细胞与植物细胞的相似性。他把动物的永久性组织分为五类,分别研究了血细胞、指甲、腱、骨、齿、肌肉、神经等,证明它们都是有核的细胞或是细胞分化的产物。他接受施莱登的观点,并发展为细胞可由细胞内或细胞间的一种无结构物质即细胞形成质产生。他根据研究结果提出一切动物和植物都是由细胞组成的,有机体的各种基本组成都有一个共同的发育原则,即细胞形成的原则,并认为细胞是生命的基本单位。一切有机体都从单个细胞开始生命活动,并随着其他细胞的形成,不断发育成长。他还明确指出细胞有两类现象:一类是塑造现象,与细胞由分子组成有关;另一类是代谢现象,与细胞本身组成成分或周围的细胞形成质中发生的化学变化有关。

　　细胞学说建立后的主要进展是原生质理论的建立和动植物细胞有丝分裂、减数分裂一致性的证实。继 1835 年法国原生动物学家迪雅尔丹将根足虫的内含物称为肉浆,1839 年浦肯野把动物胚胎细胞内的物质称为原生质。1844 年,内格利发现植物细胞壁内有一颗粒状的无色黏液层,同年莫尔称它为原囊,1846 年又称它为原生质。1850 年科恩证明肉浆和植物原生质为同一物质。以后舒尔策于 1861 年证实植物和动物的原生质和最低等生物的肉浆是同一物质。

1844—1846 年内格利和莫尔提出植物细胞通过分裂形成,但并不排除细胞游离形成。1852 年,德国动物学家雷马克与德国病理学家菲尔肖分别明确指出动物细胞分裂的普遍性,并由菲尔肖于 1855 年总结提出"一切细胞来自细胞"的名言。但他们并未正确认识细胞分裂过程,而且也未完全排除细胞游离形成。直到 19 世纪 70 年代和 80 年代中期,通过德国植物细胞学家施特拉斯布格、德国细胞学家弗勒明等许多学者的努力,才正确阐明了动、植物细胞有丝分裂的过程,并证明它遵循着共同的规律。比利时胚胎学家贝内登于 1883 年发现马蛔虫性细胞染色体数目的减少是对于细胞减数分裂的认识的开始。后来德国动物学家亨金于 1891 年指出减数过程是染色体配对及染色体对之间的分离,并指出了脊椎动物、植物和昆虫细胞减数分裂的一致性。但是亨金的研究成果在当时并未得到承认。1905 年英国植物学家法默和生物学家穆尔在总结前人工作的基础上,进一步证实了动、植物细胞减数分裂的共同性,以及两者之间的某些差异。

施莱登是位性格相当古怪的人物,他脾气暴躁,好与人争吵,固执己见。不过他性格中的另一面:反传统和创新精神,以及他的聪敏好学和过人的精力及能力,使他从理论上和方法上为推动植物科学的发展做出了重要的贡献,并使他成为细胞学说的创立者。

施莱登出生在德国一个医生家庭里。他中学毕业以后进入海德堡大学学习法律，1826 年获得了博士学位以后便开始了律师的职业，但当了几年律师以后没有取得什么成就，因而他心灰意冷，甚至想到过自杀。1831 年，施莱登 27 岁，进入哥廷根大学学习医学，才初次接触过生物科学。

细胞学说创立者施莱登

1835 年以后，施莱登相继在柏林大学和耶拿大学学习医学与植物科学，直到 1839 年在耶拿大学获得博士学位之后，他便开始在耶拿大学教授植物科学。施莱登之所以对植物生理学以及组织学感兴趣，很大程度是受到他的叔父以及布朗的影响。施莱登在柏林大学读书期间，他们两人曾教导施莱登多注意从组织学的角度研究植物。施莱登后来曾猛烈抨击过秉承林奈传统的植物分类学。他认为植物学应该是一门包容更为广泛的科学，不仅要研究植物的形态，而且要研究植物活动的规律。同时，施莱登也反对活力论对于植物生理机制的解释，他认为应该从物理和化学的角度去理解植物的生理机制。

1838 年,施莱登在《解剖学和生理学文献》杂志上,发表了著名的《论植物发生》一文。在这篇文章中,施莱登首次明确提出细胞是生物的基本单位。施莱登是从布朗植物细胞核的发现开始他的论述的,就对于植物细胞核的生物学含义这一点而言,施莱登的认识远远超过了布朗的水平。施莱登认为细胞核是"植物中普遍存在的基本构造",细胞核在细胞形成(发生)过程中起了至关重要的作用,并且他还首次提出了"细胞核"这个词。施莱登指出,任何植物,无论是高等的还是低等的,无论是简单的还是复杂的,都是由细胞组成的;在植物体中,每个细胞"一方面是独立的,进行自身发展的生活;另一方面是附属的,是作为植物整体的一个组成部分而生活着。"所以,植物的生命从根本上说是细胞生命活动的表现形式。施莱登之所以提出这种观点,其主要的一个依据就是发现植物的细胞具有相似的细胞核和细胞壁。

不过,由于施莱登过分强调细胞核在细胞形成中的作用,以及简单地理解了生命活动的理化过程,使他提出了一个基本上错误的细胞形成理论。他指出,细胞中存在着含有黏液的基本物质,这些物质只经过简单的物理过程,便可以形成细胞;当细胞核长到一定大小时,细胞核周围便形成一个小泡,这个小泡在母细胞中逐渐长大,进而形成了子细胞;当子细胞的体积超过母细胞的细胞核体积时,便从母细胞中分离了出来,于是形成一个完整的新细胞。

到了 19 世纪中期以后,细胞有丝分裂和减数分裂现象的发现,彻底地修改了施莱登的细胞形成理论。

1837 年,施莱登曾与施旺相识,1838 年 10 月,施莱登将自己关于植物细胞发生的理论告诉了施旺。施莱登与施旺的相识与联系,可以说是生物学史上的一大幸事,这样便很快将细胞学说从植物科学扩展到动物科学。

施旺于 1810 年 11 月 7 日生于德国诺伊斯,父亲是一名金匠。少年时代的施旺品行良好,学习勤奋,各门功课常常名列前茅,尤其是数学和物理成绩更好。1826 年,施旺告别家乡,进入科隆著名的耶稣教会学院。中学毕业后,父母希望他学神学,将来能成为一名牧师,但施旺执意要去学医。1829 年,施旺进入德国波恩大学,在那里他读完了医学预科的全部课程。1831 年,他获得医学学士学位。在读大学期间,他不仅听了著名科学家约翰内斯·弥勒的生理

施旺

学课程,而且在弥勒实验室暂时当助手。1831 年秋天,施旺到了维尔茨堡学习临床医学。1833 年 4 月,施旺又回到了柏林大学专门听弥勒讲授解剖生理学。1834 年 5 月 31 日,施旺获得医学博士学位,同年 7 月 26 日通过国家级考试,正式成为弥勒的助手。施旺在弥勒的指导下,对很多学术领域发生兴趣,他曾研究过组织学、生理学、微生物学,作出了不少贡献。

在柏林,施旺有幸结识了施莱登。尽管两个人性格不同,宗教信仰也有差异,但他们在某些科学观点上完全一致,使他们成为好朋友。1838 年 10 月,施莱登向好友施旺讲述了有关植物细胞结构和细胞核在细胞发育中的重要作用的基本知识,使施旺大受启发。1839 年,施旺发表了《关于动植物的结构和生长一致性的显微研究》的论文,从而奠定了他和施莱登共同创建细胞学说的基础。

1839 年,施旺离开柏林前往比利时吕温天主教大学担任解剖学教授。1844 年,他通过实验来研究胆汁对人体的作用。1848 年,他又到了比利时的列日大学任解剖学教授。1852 年,他发表了《人体解剖学》著作。1858 年又担任列日大学生理学教授。1882 年 1 月 11 日,施旺因中风在德国的科隆逝世。

施旺是一位杰出的生理学家。在 1834—1839 年间,他在柏林弥勒的实验室从事动物生理学方面的研究,并取得很大成绩。

1835 年,施旺研究组织器官的生理特性及其在物理测量上的关系。他对不同负载下的肌肉给以同样刺激,然后测量其在收缩时的长度,从而得出肌肉在收缩时的强度。这个"量肌"实验虽然很简单,但对生理学的影响非常深刻,这是人类第一次把生命现象中的力,运用物理测量方法加以分析和检验,并定量揭示其运动规律的实验。

在进行"量肌"实验的同时,施旺还对胃的消化液进行探索与研究。1836 年,他发现了胃蛋白酶。他在论文中写到:"胃酸有助于另一种基本消化物质的形成,这种物质一旦形成,就能独立地进行消化。"他把这种消化物质正式命名为胃蛋白酶。现在我们知道,胃蛋白酶是胃液中最主要的消化酶,它由胃腺的主细胞合成,以胃蛋白酶原的形式释放,在胃腔中被盐酸激活成胃蛋白酶,在它的催化作用下,可以将蛋白质水解成多肽。

施旺在研究脊椎动物如蝌蚪神经时发现,颅神经和脊神经中的有些神经外面有髓鞘细胞。髓鞘细胞经过多次缠绕神经,可在神经外面形成鞘,即髓鞘。为纪念这一伟大的发现,人们又将髓鞘细胞称为施旺氏细胞,髓鞘称为施旺氏鞘。施旺氏鞘在神经冲动的传导过程中起着重要作用。现代研究发现,施旺氏鞘具有良好的绝缘作用,使神经冲动的传导速度大大加快,同时节约了大约 5000 倍的能量。

1836 年,施旺还详细地描述了酵母菌的增殖。他第一次公开宣布酒的发酵同酵母菌生活周期之间存在着某种密切的关系。他指出酒精发酵是在生物体细胞内进行的,细胞是代谢的基本单位。现在看来,这个观点相当正确,但在当时却遭到了许多知名学者的反对。施旺性格内向、胆怯,过于虔诚、温文尔雅,不愿与别人争论,也不适宜争论。在激烈的学术争吵中,他在心理上被压垮了,并将微生物这一领域留给了法国著名的科学家巴斯德去保卫、去占领。巴斯德是一位从不放下武器,一直战斗到所有敌人都被征服为止的人物。

施旺在早期还曾写过一篇《论空气对鸟卵孵化的必要性》的论文,颇受弥勒的好评。在这篇论文中,他发现鸟在胚胎发育过程中需要氧气这一事实。

1839—1848 年,施旺在吕温天主教大学期间,曾发明利用胆汁瘘研究胆汁在消化系统中的作用,并推断出胆汁分泌不足将有碍于健康的观点,但胆汁究竟有什么作用,他并未对此进行深入研究。1844 年,他发表的关于胆汁瘘的论文是他最后几篇生理学论文之一。

施旺最大的贡献是与施莱登一起创立了细胞学说。早在 1665 年,英国物理学家、生物学家罗伯特·胡克就提出了细胞的概念。他在自制的能放大 40~140 倍的显微镜下发现中空的小室结构,并称为细胞。虎克发现细胞后,使生物学研究进入了细胞这个微观领域。同一时期,意大利科学家马尔比基用显微镜证实了虎克的观察,并把活细胞称为"小泡"。1675—1683年,荷兰的列文虎克制造了能放大270倍的显微镜,并首次描绘出骨细胞和肌肉的细胞图。直到18世纪末19世纪初,对细胞的研究再度升温,贝尔,法国著名的植物学家,他把显微镜的观察与对植物结构特点的推测结合在一起,强调指出细胞是植物界所有结构的基础。后来德国博物学家奥肯又拓宽了人们对细胞的理解。1828年,英国植物学家罗伯特·布朗发现了细胞里的分子运动,后来人称"布朗运动"。1831年,他又在兰科植物表皮细胞里发现了细胞核。1837年,捷克的科学家普金叶用显微镜发现了神经细胞和小脑神经节细胞,提出了原生质的概念,并认为原生质在细胞中占有重要的地位。后来,他又在动物脾脏和淋巴腺细胞中发现了细胞核,提出动物细胞与植物细胞具有相似性。从以上我们不难看出,细胞学说的建立凝集着许多科学研究者的智慧,正是有了这些知识,才使得施旺和施莱登创建细胞学说成为可能。

　　1838年,施莱登在《植物发生论》中指出,植物是由细胞构成的,在细胞生长、发育过程中细胞核起着重要作用,即提出了植物的细胞学说。施旺在施莱登的启发下,进一步研究,于1839年发表了《关于动植物的结构和生长一致性的显微研究》的论文,提出了他的细胞理论。这篇论文共有三部分内容:第一部分,描述蛙的幼体蝌蚪内有脊索和各种不同来源的软骨的结构和生长;第二部分,提出证据,论证了一切动物组织,无论特化到什么程度,其结构的基础还是细胞;第三部分,详细阐明了细胞学说。

通过对蝌蚪的脊索和软骨的仔细观察,施旺表明:"它们的结构和发生的最重要的现象与施莱登所描述的植物相一致。"第一部分研究的主要结论是:某些动物组织确实起源于细胞,这种细胞在所有方面都与植物细胞相似。施旺写道:"现在我们已推倒了分隔动物界和植物界的巨大屏障,这就是生物体结构的多样性。"

在第二部分,施旺对特化程度很高的各种组织进行研究。他想证明多数或全部动物组织均源于细胞。但要想证明这些,难度很大,因为有的细胞个体相当微小,并且细胞膜很嫩很薄,细胞膜和细胞的内含物折光能力相似,即使用放大 400~500 倍的显微镜也很难看清楚。在施莱登的"细胞核在植物细胞发展中起着重要作用"的观点影响下,施旺指出:有无细胞核的存在是有无细胞存在的最重要、最充足的根据。这一观点在现代生物学研究中仍有指导意义。为了证明所有动物组织均是由细胞构成的,施旺做了大量的工作,他用显微镜观察了动物上皮、蹄、羽毛、晶状体、软骨、骨、牙齿、肌肉、脂肪、神经等多种组织,最后证明它们都是由细胞分化生成的,从而显示了动物整体是由细胞或细胞产物组成的,如同施莱登描述的植物那样。

在第三部分,施旺总结了他的全部研究成果后指出:细胞是一切动物体所共同具有的结构特征。动物和植物结构上是统一的,他认为不论是动物还是植物,它们的组织都是由细胞构成的,细胞是生物体结构的共同特征。同时,他还用物理学的某些观点解释了生命现象,他提出"有机体是通过细胞分化而发展的"这一有价值的观点。虽然在施旺的细胞理论中有些概念还很模糊,甚至有些观点还是错误的,但是他的理论主流是正确的、积极的,不完善甚至错误的地方有待人们去研究、去修改、去完善。

1838—1839 年,施莱登和施旺分别发表了对植物细胞和动物细胞基本认识的论著,他们两人取得了完全一致的看法,都认为细胞是构成植物组织和动物组织的基本结构单位,从而导致了两人共同建立细胞学说。

细胞学说阐明了有机体发展和分化规律,无论是植物界还是动物界都具有普遍的有效性,这充分表明了动植物结构的统一性。

细胞学说的建立,更加激发了人类探索细胞秘密的决心,使得越来越多的科学工作者投入到细胞这个微观领域。人们对自然的认识更深刻,在研究层次上从宏观的个体水平上升到微观的细胞水平,大大促进了生物学的发展。在以后几十年中,很多有关细胞的研究成果问世,从而构建了一门新的生物学科——细胞生物学。为了表彰施旺在这一领域中的突出贡献,人们称他为"细胞学之父"。

施旺和施莱登的细胞学说使得千变万化的生物界通过细胞统一起来,这样有力地证明了生物之间彼此存在着或远或近的亲缘关系,从而为达尔文的进化论奠定了唯物主义基础。恩格斯对细胞学说曾给予高度评价,他在《自然辩证法》中写道:"施旺和施莱登发现的有机体细胞,它是这样一种单一有机体,除最低级以外,都是从它的繁殖和分化中产生和成长起来的。有了这个发现,对有机体的、有生命的自然产物的研究——比较解剖学、生理学、胚胎学才获得了巩固的基础。有机体产生、成长和构造的秘密被揭开了,从前不可理解的奇迹,现在已经表现为一个过程,这个过程是依据一切多细胞的机体本质上按共同的规律进行的。"恩格斯同时认为细胞学说、进化论、能量守恒和转化定律是 19 世纪自然科学的三大发现。

内向、虔诚、温文尔雅的施旺虽然没有勇气和别人唇枪舌剑,但他勤奋、严谨、求真、创新的科学态度和巨大的科学贡献,仍使他在竞争激烈的科学界占有一席之地。

名句箴言

作家当然必须挣钱才能生活，写作，但是他决不应该为了挣钱而生活，写作。

——马克思

细胞学说的建立

细胞学说主张生物是由细胞组成的，细胞是生物的基本结构、功能单位和发育基础。细胞学说的形成经过几百年的研究，渐臻完备。16世纪末、17世纪初，显微镜问世后，为探索生物的微观结构提供了有效手段。17世纪中叶，英国人胡克首先观察到植物细胞。同时代的荷兰人列文虎克、意大利人马尔比基也相继看到植物细胞。然而都没有认识到细胞是植物界独立的、活的结构单位。19世纪初,德国植物学家特雷维拉努斯和莫尔阐明细胞是植物的结构单位,称细胞内含物为原生质。

到了19世纪30年代初,布朗观察到植物细胞大都有核。普金叶还观察了鸡胚。莫尔和耐格里提出植物和动物细胞的原生质基本上是一致的,至此,对细胞有了一个基本概念。1838年德国植物学家施莱登在他的"植物发生论"中,提出植物结构的细胞说,他认为细胞是一切植物结构的基本单位,是一切植物借以发展的实体;最简单的植物是由一个细胞构成的,大多数植物是由多个细胞组成的;植物细胞的形成是一个新细胞起源于一个老细胞的核,最初形成老细胞的球体的一个裂片,然后分离出来自成的一个完整的细胞。1839年德国解剖学教授施旺把施莱登的见解扩大到动物界。他在《关于动植物的结构和生长的一致性的显微研究》论文中提出了动物和植物都是由细胞组成的学说。他认为,有机体的基本部分不管怎样不同,总有一个普遍发育的原则,这个原则便是细胞形成。

施莱登和施旺奠定了细胞学说的基础。细胞学说后来经过许多生物学家补充修改,日趋完善。大体内容是:生物都是由细胞和细胞的产物所构成,所有细胞在结构和组成上是相似的,各自执行特定的功能,并能独立存活,生命过程是有共同性的;生物体通过其细胞的活动,而反映其功能;新细胞是由已存在的细胞一分为二形成的,各种细胞由它发生、发展过程;生物病害是其细胞新陈代谢和代谢失常所致。

施莱登认为细胞核是由细胞中所含的黏液状物质结晶形成的。当细胞核长到一定大小时,在其周围就会形成小泡,这个小泡在母细胞中长大到一定程度,就从母细胞中分离出去,成为一个新的细胞。施莱登的好朋友、动物学家施旺受施莱登的研究结果的启发,意识到假如能证明细胞核在动物细胞中起相同作用,那意义将极其重要。

施旺回去后立即开始新的研究。动物细胞的观察比植物细胞困难得多,动物细胞有些很小,通常十分透明,而且形态变化多端,互相之间的差异似乎比相似还要突出。施旺发现细胞核是他阐明动物细胞性质的关键。无论肌肉细胞、神经细胞、骨细胞中都有细胞核。他提出,有无细胞核是判别有无细胞存在的最重要的根据。

通过对多种动物组织的研究,施旺把施莱登学说扩展到了动物界。他指出,植物的外部形态虽然极其多样,但都是由同一种东西,即细胞组成的。外部形态比植物更加多样的动物机体,也是由细胞构成,这些细胞又都是按照同样的规律形成和生长的。生命的共性是细胞。在细胞学说建立以前,人们对生物的研究,无论是分类学还是解剖学,都是机械的、独立的。细胞学说的确立就像原子论对化学和物理学一样,首次揭示了生命运动的本质。恩格斯给了细胞学说极高的评价,把它与进化论、能量守恒与转化定律一起称作他那个时代的三大发现。

我平生从来没有做过一次偶然的发明。我的一切发明都是经过深思熟虑、严格试验的结果。

——爱迪生

名句箴言

细胞病理学创立者
——菲尔绍

细胞学说一经确立，马上在生命科学中显示出生命力。其最显著的成就是德国生物学家菲尔绍在此基础上建立了细胞病理学，为现代医学奠定了基础。菲尔绍早年在谬勒指导下学习医学。1843 年获得柏林大学的博士学位。1845 年发表了对白血病的研究论文是历史上第一次对该病的系统研究。

他是一位很有社会道德感的年轻人。1848 年初,他奉政府派遣到西里西亚调查当时该地一次斑疹伤寒的爆发,他对波兰少数民族朝不保夕的生活条件感到极大震惊。这一次经历使他由一个持有自由主义社会和政治信念的人转变成为一个倡导进行广泛的社会和经济改革的激进主义者。他参加了柏林的起义,这些起义是整个 1848 年革命的一部分,并且进行了巷战。在此之后,他成为柏林民主大会的成员并且编辑发行《医学改革》周刊。由于其革命的政治活动,他被柏林大学解除了职务。因此,他被迫移居维尔茨堡。1849 年被任命为德国病理解剖学这一新学科的首任教授。在这里,他获得了作为科学家的重要地位,发展了我们所说的"细胞病理学"的概念。1856 年他回到柏林,担任新成立的"病理学研究所"的教授和所长。由于其教学以及关于在正常的健康条件下和异常的疾病条件下,细胞都是基本的单位,而疾病乃是活细胞的紊乱和失调造成的学说,使他享有很高声誉。他在后来的生涯中,发展了生物医学概念,积极参加政治活动,关心公共卫生事业,并且创立了一种关于疾病的社会学理论,他甚至成为人类学这门新的科学的奠基者。1858 年,鲁道夫·卡尔·菲尔绍发表了他的巨著《细胞病理学》。今天的许多人认为,这部著作预示着生物学中一场革命的到来。尽管人们对此并未普遍表示赞同,但是,几乎无可怀疑的是,菲尔绍的理论引起了医学的生物学基础中的一场革命——菲尔绍本人曾表明这一点。菲尔绍对于我们具有特别的意义,因为他把其作为一个激进的改革者的积极的政治生涯与他在医学病理学中的科学生涯结合在一起。

细胞病理学理论对于菲尔绍本人来说是非常重要的,因为它似乎在客观上揭示了人体中的他所努力探求而且认为在社会中是"自然的"一种情况……因此,对于菲尔绍来说,细胞病理学远不只是一种生物学理论。就此而言,他的政治和生物学观点是互相补充和加强的。细胞病理学揭示了人体是一个由彼此平等的个体组成的自由国家,是一个由细胞组成的联邦,是一个民主的细胞国家。事实证明,人体是一个由彼此平等的因素组成的社会单位,而在体液的或凝固的病理学中,则设想了一种生物组织的非民主的寡头政治。正像在政治领域中为争取"第三等级"的权利而战斗一样,因此菲尔绍也在细胞病理学中为人们没有充分认识其价值和功能的细胞的"第三等级"而战。

因此,当我们发现菲尔绍谈到如下事情时并不感到惊奇:"医学的最后的任务或使命就是在一个生理学的基础上组织社会。"菲尔绍认为,社会科学是医学的一个分支。由此他明确指出,"医学是一门社会科学,而且政治学不过是大规模的或更高级的医学","医生是贫苦者的天生的代言人,而且,社会问题应当主要由他们来解决。"

阿克尔克奈克特认为,在其关于医学实践的著作中,菲尔绍"更喜欢'改革者'而非'革命者'的说法,因为在他看来,这是对把破坏和建设,把对他所拥护的过去的成就的批判和尊重结合和统一起来这一特点的更好的描述。"但是,就像在1848年那样,他确实参加了革命的政治活动。在《细胞病理学》这部巨著的序言中,菲尔绍谈到,医学科学家有责任使他的"职业同行"广泛了解迅速积累和不断增长着的新知识。然后,他断言:"我们要进行改革,而不是革命。"此外,他感叹道,他的著作似乎"有更多革命的而非改革的气味",但是,这主要是因为"必须首先反对最近的那些虚假的、错误的或独断的学说,而不是比较久远的那些著作家的学说。"但是,在正文中,当他描述他在发展的激进的新思想时——而且正是他声称"在一个细胞出现的地方,以前必有细胞存在"之前——他使用了更引人注目的革命的形象。他明确提到"过去几年"在病理学中所发生的"der Umschwung"。他在这里选择了"Umschwung",虽然在他谈到政治或社会事件时通常使用"Umwalzung",甚至"Revolution"这些词。但是,就菲尔绍而言,重要的是,他是在科学中引起一场革命而且积极参加一场政治革命的非常少的几个科学家之一。而且,他公开坚持他所提出的这样一个观点:革命的政治学和革命的科学可以是相互影响,甚至是相互补充和加强的。

1861年,他被选为代表德国进步党的普鲁士议会的议员。他是德国进步党的创始人之一。他坚决反对俾斯麦。

俾斯麦为此曾愤怒地向他提出决斗,但是菲尔绍没有接受这一决斗。因此,他是一位非同寻常的伟大的科学家:他既是一位政治活动家和社会改革家,而且,他所进行的专业改革,不仅改变了医学职业的规则,而且改善了公共卫生和医疗保健的状况。其他一些科学家也曾是政治活动家,但是没有什么人达到像菲尔绍所达到的作为议会中俾斯麦的反对派的领袖这样重要的或相当高的政治地位。

在他创办的《医学改革》周刊第一期中,菲尔绍把政治革命的思想与医学改革相结合。他写道,"国家状态中的革命"以及"新的制度的建立",是影响到整个欧洲所有有头脑的男男女女的"政治风暴"的一部分,因此标志着"整个生活观念的彻底转变"。他坚持认为,医学不可能不受到这些风暴的影响,"不能再回避和拖延一场激进的改革了。"阿克尔克奈克特认为,对于菲尔绍来说,"自由和科学是天然的盟友",而且,"1848 年革命既是一个政治事件,显然也是一个科学的事件。"在其周刊中,菲尔绍写道:"三月的时代终于到来。批判反对权威、自然科学反对教条、永恒的权利反对人们任意独断的常规的伟大斗争——这一斗争已经两次动摇过欧洲社会——第三次爆发了,而且胜利是属于我们的。"阿克尔克奈克特把政治与医学的这个统一看作是菲尔绍思想的一个特色。

菲尔绍认识到,细胞学说可以用来说明疾病现象,疾病组织的细胞是由健康组织的细胞慢慢演变而来的。由此,他开创了细胞病理学这门学科。进一步的研究发现,细胞并不能由原生黏液自然形成,相反,所有的细胞似乎都是从已有细胞分裂而来。菲尔绍将之概括为一句名言:"一切细胞来自细胞。"这里暗含着"一切生命均来自生命"的信念。他坚定地反对生命的自然发生说。这一点很快被巴斯德所着力强调。菲尔绍是一位自由主义人士。也是社会改革的倡导者。他一直是德国政界一位活跃的人物。也是一位热心社会公益事业的社会活动家。在他的努力之下,柏林市改进了供水系统,大大消除了许多流行病的传染。他还负责建立了第一批列车医院和军用医院,他亲自创建了柏林人类学、人种学和史前考古学学会。以及柏林人类文化博物馆和民俗学博物馆。但是,他反对达尔文进化论,海克尔曾与他针锋相对地发生争论。微尔肖甚至在《细胞病理学》一书中发表宣言:"一切疾病都是局部的,谁再提出全身性疾病问题,那是他把时代搞错了。"

施莱登和施旺确立了细胞学说,但是在细胞是怎样发生的问题上,他们的看法却是错的。雷马克、菲尔绍等科学家纠正了这一错误,他们发现了细胞的分裂。其实,早在18世纪末,有人就观察到了卵细胞分裂的现象,那时候,细胞学说还没有确立,人们自然不可能理解它的意义。1844年,瑞士科学家耐格里在研究藻类细胞时,发现它是通过分裂而增长的。德国科学家雷马克在研究小鸡胚胎发育中,也详细地描述了胚胎血球的分裂现象。他提出细胞是按一分为二,二再分为四这样的比例增长的。不过,当时大多数人还是相信施莱登和施旺提出的新细胞是在母细胞中自然生成的观点。

雷马克的好朋友、病理学家菲尔绍开始也持这种观点。可是,在观察角膜的治愈中,他发现了种种与流行观点不一致的现象。经过对病理过程深入细致的研究,他得出了和雷马克同样的结论:细胞是靠分裂而增长的。1855 年,菲尔绍在《细胞病理学》一文中,用了一句非常有名的话来概括他的论断,那就是"一切细胞来自细胞"。菲尔绍认为细胞是生命的基本单位,组织、器官、系统、个体组成了生命的巨大链条,细胞是这个链条中永远可以找到的处于最内层的一环。一切疾病的原因应当到细胞中去寻找,整个病理学就是细胞的病理学。虽然菲尔绍的看法有片面性,但是他向统治了 1000多年的传统体液学说发出了挑战,把病理学引向了细胞层次,开创了细胞病理学。

细胞理论的胜利在病理学中最为突出。细胞理论之所以在病理学、生理学和普通生物学中都具有卓越的地位,很大程度上是由于坦率的德国医学显微镜专家菲尔绍研究和提倡的结果。菲尔绍毕生都致力于反对从古希腊医学继承来的"普通疾病"的概念。这个概念认为疾病大多是身体的一种痛苦,或者更确切地说,是它的液体或者"体液"。菲尔绍用他的"解剖学思想"取代了这个概念。通过解剖学思想，菲尔绍试图涵盖自 18 世纪以来病理解剖学发展中的主要问题。其中当然也包括以比沙为代表的巴黎学派。菲尔绍的解剖学思想其实就是要寻找疾病发生的解剖学部位。他希望使病理学研究的兴趣从普通的过程转移到高度定位的结构混乱上来。研究者首先必须寻求的永远都是："疾病在哪里?"他声称,病理学家对疾病位置的寻找,现在已经"从器官推进到组织,进而又从组织推进到了细胞。"菲尔绍的名气很大程度上来自于他对细胞病理学的定义。然而他并不是第一个提出细胞是疾病发生的最初场所的人。在 19 世纪 40 年代,细胞形成介质假说的信徒们经常提及这一点。但是,菲尔绍比他们任何研究者都更确切地证实了后一种思想是错误的。并且,出于病理学家的使命,他竭力主张细胞只能从已经存在的细胞产生。他写道:"细胞是形成组织、器官、系统和个体的相互隶属的巨大形成链中始终不变的最后一环,在其下面,除了变化再没有别的了。"他举世闻名的著作《细胞病理学》就是建立在这个论点上的。这本专著为病理学研究重新制定了目的和方法。菲尔绍的细胞概念包罗万象,并且得到了极其详细地说明。按照 18 世纪以来逐渐流行起来的另一个古代医学的观点,他认为"疾病"实际上是改变了的"生命"。在正常和病理之间并没有质的区别。生命过程和结构的通常程序及安置受到了疾病的干扰,但仍保持着即使是疾病也必须遵守的基本的过程和结构。这样,菲尔绍不但确定了疾病的定义,而且将细胞确定为疾病发生的位置。他的定义显然相当于他在宣告,如果疾病是一种生理上的混乱,那么细胞必定是生理活动最小并且可能无法减小的组成单位。细胞理论已经将植物学和动物学的研究者联系在一起。现在,菲尔绍要把病理学也加入到他们的研究范围中。疾病细胞是正常细胞的变异。而非本质完全不同的另一种细胞的观点,迫使病理学家开始关心引起混乱的状况以及在这种状况下细胞和细胞组织的功能性反应。

但是,这种研究最终属于生理学的范畴。菲尔绍赞成这个结论,他宣称,建立在细胞之上的病理学,并不是生理学的应用。它实际上就是生理学。菲尔绍以一种更广泛,总体上更深奥的方式,再次强调了施旺关于细胞会出现功能性不精确的主张。施旺的提议和菲尔绍的肯定都没有提供必要的证据,证明细胞是生物体中关键的功能单元。这个问题一直是 19 世纪实验生理学家所要对付的一大难题。直到 1900 年,几条路线的研究,包括呼吸过程更细致的考察和对神经系统结构和行为深入的分析,才似乎找到了这个难题的答案。细胞生理学家最终还是需要实验技术,例如组织或单细胞的培养以及显微器械,来帮助他们找到细胞内的成分和各种过程。然而,19 世纪的生理学家远不是无能为力的。例如,起初由德国生理学家进行,但是,后来却由贝尔纳在晚期著作中做了综合论述的对呼吸的费力的、长时间的实验研究，使人们获得了一种关于生物的令人满意的新的概念。贝尔纳在他对生物的大胆描述中，把细胞和细胞组织作为基本的单元；而生物作为一个功能上的整体，其整体的行为取决于细胞与它浸浴其中的体液之间能动的相互作用。尽管特定细胞或细胞成分的特殊生理作用经证明非常不易确定，但是关于细胞和组织整体上在身体功能中所扮演的角色，仍有非常重要的事情值得去做。已经证明是生物体基本结构单位的细胞，有希望成为生物重要的功能单位。这种希望在研究繁殖和个体发育的过程中结出了第一个果实。菲尔绍曾攻击过血液的主导地位，即认为血液处于体液中首位的观点。他是在病理学基础上这样做的。他试图通过细胞学说，用一种新的概念来取代全身性疾病的概念。这种新概念必须严格地用基本的功能单位——细胞来限定。

这个单元如今被可靠地指定为生命物最基本的能量转换器。从这些结论中产生了建立一门真正"普通生理学"的要求，即一门研究植物和动物中共同生命过程的科学。它之所以被认为是普通的，是因为它建立在新有机物的共同分母——活细胞的基础上。这个呼吁是由贝尔纳发起的，他是那段时期法国主要的生理学家，并为他所在的学科发表了极多的著作。贝尔纳在细胞及其周围流质所独有的，极其重要的活动的基础上，将生理学的思想进行了综合。细胞是主要的功能元件,它被有营养和具有保护作用的内部环境所包围。普通生理学家必须对两者都进行探索,以掌握影响它们行为的各种情况,从而获得对生命及其特殊现象的更深刻的理解。

名句箴言

人的价值蕴藏在人的才能之中。

——马克思

细胞学说的补充

在19世纪中期到20世纪初，关于细胞结构尤其是细胞核的研究，有了长足的进展。瓦尔代尔在前人研究的基础上，把核中的着色物体正式命名为染色体。德国植物学家霍夫迈斯特1867年在植物，施奈德1873年在动物，分别比较详细地叙述了间接分裂；德国细胞学家弗莱明1882年提出了以代替间接分裂,施特拉斯布格和其他学者还在植物中观察到。细胞核是英国植物学家布朗发现并命名的。它是细胞生命活动的控制中心,是细胞中遗传信

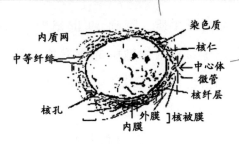

细胞

息储存、复制和转录的重要场所。原核细胞与真核细胞最大区别在于真核细胞中有核被膜将胞质与核质分开,原核细胞不具有核被膜,仅有一团核样物质的核区。大多数动植物细胞具单核,但在哺乳动物成熟的红细胞和高等植物成熟的筛管中无核,肝细胞等具 2 个以上的核。核形态一般为圆形或椭圆形,也呈其他形状,如白细胞核为多叶状,蚕丝腺细胞核为分枝状,纤毛虫有大核、小核,大核为营养核,小核为生殖核。细胞核大小随不同生物而异,通常高等动物核直径为5～10 微米,高等植物细胞核直径为 5～20 微米,低等植物细胞核直径为 1～4 微米。细胞核主要由核被膜、染色质、核基质、核仁所组成。如上图所示核被膜的内膜下有一层纤维蛋白片层称为核纤层,核被膜外膜被排列不严格的中等纤维所包围。细胞核内充满了由纤维蛋白构成的网络状核基质(核骨架)结构,染色质、核仁等组成悬挂或框架在核基质结构中。

1839 年,捷克生理学家浦金野把填满细胞的胶状液体定

名为原生质。直到 19 世纪中叶以后，法国植物学家默尔用原生质概括细胞中的所有内含物。德国解剖学家舒尔策强调指出，原生质是"生命的物质基础"，并证明在所有的细胞里，不论是动物或植物，也不论它们的结构是多么复杂还是非常简单，它们的原生质基本上都是相似的。

关于细胞质的研究，远不如细胞核那样透彻。德国生物学家赫特维希 1875 年就发现了中心体，1895 年高尔基发现了并称之为高尔基体的构造。关于细胞质虽然有过各种理论，但都未能反映真实情况。比较容易被人接受的是 1888 年德国动物学家比奇利的蜂窝或泡沫学说。这个学说在一定程度上符合实际情况，维持的时间最长。1899 年加尼耶在研究各类腺体细胞时发现细胞质中含有嗜碱性的呈现动态变化的丝状或棒状的结构，命名为动质。半个世纪之后在电子显微镜下证实是真实的细胞质结构。鲍尔 1933 年在蚊子的马尔皮基氏管细胞中发现了多线染色体。

之后人类又发现了高尔基体。高尔基体由许多扁平的囊泡构成的以分泌为主要功能的细胞器，又称高尔基器或高尔基复合体。在高等植物细胞中称分散高尔基体。

高尔基体由两种膜结构即扁平膜囊和大小不等的液泡组成。扁平膜囊是高尔基体最富特征性的结构组分。在一般的动、植物细胞中，3～7 个扁平膜囊重叠在一起，略呈弓形。弓形囊泡的凸面称为形成面，或未成熟面；凹面称为分泌面,或成熟面。小液泡散在于扁平膜囊周围,多集中在形成面附近。一般认为小液泡是由临近高尔基体的以芽生方式形成的,起着从内质网、到高尔基体运输物质的作用。糙面内质网腔中的蛋白质,经芽生的小泡输送到高尔基体,再从形成面到成熟面的过程中逐步加工。较大的液泡是由扁平膜囊末端或分泌面局部膨胀,然后断离所形成。由于这种液泡内含扁平膜囊的分泌物,所以也称分泌泡。分泌泡逐渐移向细胞表面,与细胞的质膜融合,而后破裂,内含物随之排出。不同细胞中高尔基体的数目和发达程度,既决定于细胞类型、分化程度,也取决于细胞的生理状态。

真核细胞的半自主的细胞器。由双层膜组成的囊状结构,其内膜向腔内突起形成许多嵴,主要功能在于通过作用将食物分解产物中储存的能量逐步释放出来,供应细胞各项活动的需要,故有细胞动力站之称。

线粒体外形和大小常随细胞类型及生理条件的不同而有较大差别,呈很小的球、杆、或细丝状,以杆状的居多。线粒体在细胞内的

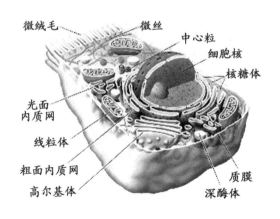

微绒毛　微丝　中心粒　细胞核　核糖体
光面内质网　线粒体　粗面内质网　高尔基体　质膜　溶酶体

真核细胞结构立体模式

分布,一般在需要能量较多的部位。

结构大致分三部分:①外膜和内膜,内膜向腔内突起形成嵴。②内外膜之间的空间,称为膜间腔;嵴的膜间腔的一面排列着许多直径 8～9 纳米的圆球形颗粒,并有短柄与膜连接,称为 ATP 酶复合体或 ATP 合酶。③嵴与嵴之间的介质称为基质。

线粒体含有和共约 70 余种,能催化很多代谢反应,如氨基酸代谢、脂肪酸氧化分解等,并能进行 DNA 的复制、转录和 RNA 的转译等等,但主要功能在于催化供能物质的氧化以释放能量,供细胞各种活动的需要。

线粒体内含 DNA。它们呈双线环状,其外形、大小和信息含量与细胞核 DNA 相比都有很大的差异,周长通常大约是 5 微米。每个线粒体平均含 2～6 个这样大小的 DNA 环。线粒体 DNA 由于信息含量有限,不可能编码合成整个线粒体所需的蛋白质。线粒体的大部分组分是由细胞核 DNA 编码,在细胞质的核糖体上合成,然后再与线粒体自身合成的一些组分共同组装的。有较多的实验证据表明细胞内线粒体通过原有线粒体的分裂产生。

原生质构成细胞的生活物质。早在 1835 年杜雅丁把低等动物根足虫和多孔虫细胞内的黏稠物质称为肉样质。1839 年浦金野把植物细胞中物质称为原生质。同年,冯·莫尔等指出,动物细胞中的肉样质和植物细胞中的原生质具有共性。他还观察到植物细胞中的原生质流动。1856 年雷弟提出,细胞是含核的原生质小块。此后,对原生质认识逐渐深化。目前认为,原生质是生命的物质基础。组成原生质的化学元素主要有 C、H、O、N,这 4 种元素约占细胞全重的 90％以上;其次,有 S、P、K、Na、Ca、Mg、Cl、Fe 等元素,约占细胞全重的百分之几;此外,还有 B、Si、Mn、Co、Cu、Zn、Mo 等微量元素。组成原生质的各种化学元素,互相结合成多种化合物,如水分、无机盐、糖类、脂类、蛋白质和核酸等,原生质则是以游离形式存在的自由水为分散介质,以蛋白质等各种大分子为分散相的复杂胶体系统。在原生质胶体系统中,各种大分子之间相互作用,聚合成膜状、线状和颗粒状等基本造型,各种基本造型结构单独或互相结合,形成原生质中的亚显微结构和显微结构。在细胞的生命活动中,原生质中各种微细结构各自有着特定功能,彼此间在功能上又协调一致,使细胞成为生命的单位。许多微细结构在细胞的生命活动中不断进行自我更新。综上所述,原生质是由水的胶体溶液和各种微细结构组成的、能够自我更新的动态体系,是细胞生命活动的物质基础。

现在看来,细胞学说的创立和细胞对于生命的重要性如同原子学说中原子对于物理、化学的重要性,它们把生命的奥秘和生命本身浓缩到了一个微观世界。由于细胞的发现,人们不仅知道一切高能有机体都是按照一个共同的规律生长发育的,而且通过细胞的变异,不断地改变自己,并向更高的生命层次迈进。和达尔文进化论一样,细胞学说也被誉为19世纪的三大发现之一。且"细胞是生命的基本单位"这一认识的直接来源就是细胞学说,可见影响之大不言而喻。然而,施莱登和施旺虽然正确地指出新的细胞可以由老的细胞产生,却提出了一个错误的概念,即新细胞在老细胞的核中产生,由非细胞物质产生新细胞,并通过老细胞崩解而完成。由于这两位科学家的权威,使得这种错误观点统治了许多年。而且细胞学说根基是虚弱的,在推理上它立足于不完全归纳法。而不完全归纳所得的结论当也就不是肯定可靠的。施莱登和施旺只是察看了1838—1839年之前人类已知的生物,提出了细胞学说的。他们忽略了他们是不可能看遍宇宙里的全部生物,而且他们也想象不出在无限的时空里可能会创造出非细胞的生物。所以他俩所没有见过的、无细胞结构的病毒、类病毒从1892年后陆续被人发现了,这两类生物的发现提出了对细胞学说的质疑。后来其他许多研究者的观察表明,细胞的产生只能通过由原来存在的细胞经过分裂的方式来完成,1858年菲尔绍概括为"一切细胞来自细胞"的著名论断,这不仅在更深的层次上揭示细胞作为生命活动的基本单位的本质,而且通常被认为是对细胞学说的重要补充,甚至有人认为直至于此细胞学说才全部完成。

　　施莱登的论文《植物发生论》和施旺的经典论文可以说是细胞学说创立的标志。尤其是施旺著作的最后部分列了"细胞学说"一个专门的标题，用相当大的篇幅论述了这一学说。

　　施莱登和施旺所创立的细胞学说，主要有下面三点内容。

　　1. 系统地论述了细胞是动、植物的基本构成部分，也是有机体活动的基本单位。

　　施莱登应用大量的材料，着重说明植物界外形上的多样性和内部构造上的共同性。这种共同性表现在它们都是由基本结构——细胞所组成的。他指出："植物整个类别都是由可以辨认的细胞所构成的。这类植物中有一些是由可以形成一系列配置的同一性质的细胞或甚至只由一个细胞所构成的。"他还认为，每个细胞都有独立的生命过程，细胞是生命活动的基本单位。他指出："每个细胞的生命过程在构成植物生理的同时，又是一般比较生理的最不可少的和基本的基础。"

施旺主要研究动物细胞,他证明了动物胚胎的各个器官都是由细胞构成和细胞演变而来。他论证了动物组织尽管在形态结构和功能方面的多种多样,但它们都是由细胞构成的。

2. 论证了动、植物各种组织和细胞的共同的基本构造、基本特征、发育规律和生命过程。

在这方面,施旺比施莱登研究得更为深入。施旺认为,动物细胞在基本构造、发生过程和生命过程方面与植物细胞相当一致。在施旺的一份初稿中,以细胞的结构为基础,把组织分为五类。第一类,是由分离的、独立的细胞组成,如血液和淋巴细胞;第二类,是结合成连续组织的独立细胞,如角质组织和眼球晶体;第三类,是细胞膜已经相互结合的组织,如软骨、骨骼和牙齿;第四类,为纤维性细胞;第五类,是由细胞膜和细胞腔已经相互融合的组织,如肌肉,神经和毛细管。施旺的关于五种组织的图解在后来动物的组织学中成为经典。此外,施旺还证明各种细胞结构上的共同性,如细胞内皆有细胞核和核仁,外表有细胞膜。

值得指出的是,施旺还曾探讨过细胞的基本特性。他认为细胞是一种具有吸水性能的物质。他指出细胞这种吸水性能的物质结晶具有两类基本现象,即"塑态现象"和

"代谢现象"。他第一次明确地提出了新陈代谢是细胞生命活动的基本特点,并且反复论证"细胞所特有的代谢现象"。他认为这种代谢性能在细胞内部和细胞外部是不同的,因为这和细胞膜的内外表面的物质不同有关。他还推测到"细胞膜上的原子的轴在某些特定的位置,对这种现象起了某些主要作用"。在当时的历史条件下,施旺所作的推论和现代生物学关于生物膜的分子结构研究成果相比有一定的相似性,这正是施旺的远见卓识之处。

施旺指出细胞具有"塑态现象"和"代谢现象",并明确指出这两类现象是细胞和有机界的基本特征,这对细胞学说的建立和生物学的发展有重要意义。

3. 论述了细胞的起源问题和细胞形成的发展过程。

施莱登和施旺还强调要从发展的观点来认识有机体的外部形态和内部构造。施莱登以发展观点研究植物形态的建成,这是他的一大贡献。施莱登还特别强调细胞核在细胞形成上的意义,并对细胞核的形态和各种细胞核作了比较动态观察,指出在细胞的多种成分中核是主要成分,在细胞生活中核特别重要。这对细胞学说的建立和发展有相当重要的影响。

施旺的工作也是从发展观点出发的,他重点研究软骨细胞和神经细胞的发生、发展过程。

施莱登和施旺关于细胞形态建成和细胞发生问题的假说，尽管有不少虚构的成分，但他们强调细胞本身应当有一个发生发展的过程，第一次提出研究细胞起源的问题，这无疑是很有意义的见解。

细胞学说虽然是由上述两位德国学者所建立，但在他们以前已有人提出过类似的见解。例如，米尔克曾认为，物体若其组成部分不是细胞性组织，或不由细胞性组织所形成者，则不可能有生命；拉马克在《动物哲学》中也提到"tissu cellulaire"这个词；1824年，杜特罗舍发表论文提出植物由细胞构成的观点；特平和迈延也曾指出，细胞并不是只有壁膜的空腔，在其中实际含有各种不同的物体，如叶绿体、淀粉粒和结晶体等等。迈延并作出结论说，各个细胞都形成一个独立的整体，它营养自己，建造自己，并且把它所取得的最初营养成分加工制作成为不相同的物质和结构。因此，关于细胞学说的创始人问题，在科学史上看法不一。科学史家杰罗尔德认为应是拉马克，而康克林则认为将细胞学说仅仅与施莱登、施旺联系在一起是"科学史上最奇怪的事情之一"。不过，这一事实可以说明，科学上的发现与发明，不只是一两位科学家的研究成果，而往往是许多人前赴后继共同努力的产物。

细胞学说 最终的 与形成 发展

名句箴言

把语言化为行动，比把行动化为语言困难得多。

——高尔基

名句箴言

细胞理论的最终建立者——贝尔纳

贝尔纳，法国实验生理学家。1813年7月12日生于维勒弗朗什一个贫苦的农民家庭。1831年在里昂当药剂师学徒。1834年，贝尔纳进入巴黎医学学校。不久成为当时著名科学家马根狄的助手。马根狄擅长于活体解剖，极力主张用物理化学方法阐释生命现象。贝尔纳在他手下受到了良好的训练，并且青出于蓝而胜于蓝。他在 40 年的科学生涯中,生理学方面的贡献是无与伦比的。1839 年作实习医生时期即到生理学教授马让迪实验室帮助工作。1841 年成为法兰西学院著名生理学家马让迪的实验室助理。但是,贝尔纳在许多方面超过了他的老师,这不仅表现在活体解剖技术方面,也表现在他那高超的理论概括能力方面。两年后他取得了医学博士学位。1843 年医学院毕业,获医学博士学位。

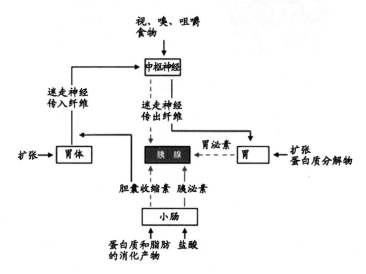

胰液分泌的神经体液调节

1846 年发现胰液在脂肪消化吸收中的重要作用,证明营养包括三个过程:消化、被消化物的运输及燃烧;第一项重要研究关于胰脏的消化机能公开发有。通过实验他第一次从胰脏中分离出三种酶素,分别促进三类有机物的水解,便于肠壁吸收,因此他确定胰脏是最重要的消化腺,修正了旧时以胃为最主要消化器官的错误。除了消化机能外,他还发现了胰脏的内分泌机能,对现代内分泌学的建立做了开创性的工作。关于胰脏的研究还为贝尔纳发现和证实肝糖原的合成功能作了良好铺垫。

1847 年,贝尔纳获得了法国科学院实验生理学奖。1847年底成为马让迪的正式助手。1851 年发现血管收缩神经。1852 年马让迪退休后,他接替马让迪成为法兰西学院生理学教授和生理实验室主任。1853 年 3 月取得巴黎大学动物学博士学位。曾在主宫医院和法兰西学院当实习医师,后任巴黎大学生理学教授,并被选为科学院院士、医学科学院院士。早期研究消化生理。1854 年被选为法兰西科学院院士。

1857 年提出"内环境"概念,认为内环境的稳定是独立生命的前提。有机体自身具备周密而灵活的调节机制是贝尔纳生理学的核心观念。沿着这条思路他发现并阐明了血管舒缩神经的功能。血管舒缩神经可以使血管舒张或收缩从而改变血液的流量,而血流量和血液成分一样和机体的许多功能活动相关。1857 年,贝尔纳提出了"内环境"概念。他集出色的实验技巧和卓越的科学思维能力于一身,逐步充实和发展他自己的思想。他认为动物的生活需要两个环境:肌体组织生活的内环境和整个有机体生活的外环境。细胞和组织只能生活在血液或淋巴构成的液体环境中,不可能像整个有机体一样直接与外界环境接触。组织液不仅为组织提供营养,而且也是细胞或组织之间相互联系的主要通道。对高等生物来说内环境的相对稳定是生命能独立和自由存在的首要条件。内环境的稳定意味着高等生物是一个完美的有机体,能够不断地调节或对抗引起内环境变化的各种因素。

在大量生理学实验基础之上,贝尔纳提出了"内环境恒定"学说。贝尔纳认为,复杂的动物身处两个环境之中,一个是外环境,生物体置身于其间;另一个为内环境,是身体组织的各个部分赖以生存之处。在外环境中,并不发生生命进程中的那些活动,生命的进程只发生在液相的内环境中。他用一句名言高度概括总结了这一思想:"内环境的恒定是自由和独立的生命赖以维持的条件。"在高等动物体内,体温和血液中酸碱度的恒定等,都是内环境恒定的具体体现。由此高等动物才能在瞬息万变的环境中维持自己特定的生命活动,而那些低等动物,如两栖、爬行类的蛇等,因缺乏恒定的体温调节机制,故而只能以"冬眠"的形式度过寒冬。贝尔纳认为,在高等动物中,内外两个环境之间存在着相当密切的内在联系,以至于在它们之间建立起的平衡就像有一架极为灵敏的天平在持续地和精确地补偿着一样。贝尔纳这一出色的思想引起了 20 世纪生理学家们的广泛共鸣。本世纪美国生理学家坎农以"内稳态"这一词来刻画内环境恒定的机制,并以丰富的实例证实了这一机制。更重要的,从"内稳态"这一机制中还引申出了许多新的概念和术语,如反馈、回路、伺服机构等,它们是控制论思想的先驱。

在此意义上,贝尔纳不仅仅是一位以卓越的活体解剖技术而著称的实验生理学家,他还是一位具有理论头脑的生物学家。他的名著《实验医学导论》至今仍享有崇高的声誉。贝尔纳不愧为现代实验生理学的奠基者。内环境是体内细胞生存的直接环境,细胞对这个内环境的要求是苛刻的。它们要求一定的温度一定的pH,一定的渗透压,总之,一定的物理条件和化学条件。但细胞本身的代谢活动不断地将热和 CO_2 以及其他代谢废物排放到内环境中,同时又从内环境中吸收 O_2 和营养物质。这些都会使内环境的物理性质和化学性质发生变化。此外,生物体所处的外界环境是经常变化的。外环境的变化也会影响内环境。这些情况说明,内环境的稳定只能是动态的稳定,是在一定范围内的稳定。生物能够通过多种调节机制,使内环境的变化在很小的范围内浮动。例如,人在正常活动下,每日产热量为 12.55×10^6 J。而体温变化范围不过 $36.5℃ \sim 37.5℃$;人每日代谢要产生大量的二氧化碳,但血液pH的变动却只限于 $7.35 \sim 7.45$ 之间;人输血200mL之后,很快血量就恢复到正常。

内环境稳定这一概念是十九世纪法国生理学家贝尔纳提出的。他指出,动物保持它的内环境稳定的能力是它生存的条件。又说,所有的生命机制,尽管多种多样,只有一个目标,就是保持内环境的稳定。后来美国生理学家坎农根据大量定量的实验研究,提出了"内稳态"或"稳态"一词。他指出,这个词不是表示某种固定不变的事物,不是一种停滞状态,它表示一种可变的而又保持相对恒定的状况。

维持内环境稳定的主要调节机制是反馈。所谓反馈,简单地说,就是一个系统本身工作产生的效果反过来又作为信息进入这一系统,指导这一系统的工作。例如,夏日炎炎,体内产生的热引起发汗而使体温不至于上升;各种酶促使反应的产品积累到一定数量时,反应就达到平衡,如果把产品取走,反应又可进行。这两例都是反应的产品反过来抑制反应的进行,是"负反馈"。另一类是反应的产品促进反应的进行,是"正反馈"。很多正反馈都是有害的,因它常导致失控。例如,当病人体温升高到 40℃,负反馈机制被破坏而发生正反馈时,热量产生更多,体温继续上升,病人可因此导致死亡。

生物体的调节机制十分复杂,生命的一切过程都是处于生物体本身的调节控制之下的。一个小小的简单活动,例如,抬脚迈步,就涉及多块肌肉的协调活动。生物体的代谢、生长、生殖、发育等十分复杂的过程之所以有条不紊地进行,正是由于生物体具有自我调节控制的能力。有了这种自我调节控制的能力,生物体才能作为一个整体,表现完整有序的生命过程。

稳态是内环境恒定概念的引申与发展。内环境恒定概念是 19 世纪法国生理学家贝尔纳所提出。他认为机体生存在两个环境中，一个是不断变化的外环境，一个是比较稳定的内环境。内环境是围绕在多细胞动物的细胞周围的细胞外液。内环境的特点是其理化特性及其组分的数量和性质，处于相对恒定状态，为细胞提供一适宜的生活环境，也是维持生命的必要条件。"内环境恒定是自由和独立生存的首要条件"，这是贝尔纳对生命现象的高度概括。稳态即相似的状态，是美国生理学家坎农于本世纪 20 年代末提出的，是内环境恒定概念的引申和发展。在坎农时期，稳态主要指内环境是可变的又是相对稳定的状态。稳态是在不断运动中所达到的一种动态平衡，即是在遭受着许多外界干扰因素的条件下，经过体内复杂的调节机制使各器官、系统协调活动的结果，这种稳定是相对的，不是绝对的，一旦稳态遭破坏，就导致机体死亡。随着控制论和其他生命科学的发展，稳态已不仅指内环境的稳定状态，也扩展到有机体内极多地保持协调、稳定的生理过程，例如生命活动功能以及正常姿势（直立以及行路姿势）的维持等；也用于机体的不同层次或水平的稳定状态；以及在特定时间内（由几毫秒直至若干万年）保持的特定状态。稳态不仅是生理学，也是当今生命科学的一大基本概念。它对控制论、遗传学、心理学、病理学、临床医学等多种学科都有重要意义。关于内环境相对稳定及其调节机理，贝尔纳掌握了一些实验证据，但更多的是天才的推断和猜测。他的这一超时代的思想，其同时代人是很难理解的。一个世纪过去了，人们清楚地看到贝尔纳的思想代表了现代生理学发展的基本方向，并且在继续影响生理学的发展。人们才清楚地意识到 1867 年贝尔纳出版的 14 卷本《医学实验生理学教程》把生理学从整体上提高到了一个新的水平。贝尔纳被公认为生理学界最伟大的科学思想家。所谓科学思想家不是单纯的科学家，不仅埋头于一个个具体问题的研究，而且有自己特有的思想指导自己的实践。科学思想家也不是单纯的思想家只凭推理得来整齐的体系或建立空中楼阁。贝尔纳之后，美国生理学家亨德森和坎农等继承和发展了他的思想，科学地揭示了内环境。

1857 年，也就是贝尔纳发现和证实肝脏的糖原生成和转化的那一年，当时流行的理论是动物所需的糖分从食物中吸收，通过肝、肺或其他一些组织而分解。为了证实这种理论，贝尔纳用狗做实验。他用碳水化合物和肉分别喂狗，几天之后把狗杀死，他意外地发现它们的静脉中都有大量的糖分。这种现象引起了他的深思。进一步实验终于使他发现了肝脏的糖原合成与转化功能。他还发现当血液中血糖含量增高时，肝脏可以将血糖转化成糖原储存起来；反之，肝脏可以从别的物质合成的糖原并将糖原转化成血糖进入血液。肝脏可以调节血糖水平，使有机体处于相对稳定的状态。这使贝尔纳意识到有机体各部分都是相互协调的。肝脏糖原合成和转化功能的发现不仅刺激了贝尔纳"内环境"概念的提出，而且使人们认识到动植物在生理上的统一性。

他发现，肝脏有生成糖元的功能、血管舒缩受神经控制、胰液能消化脂肪、美洲箭毒的性质和作用以及一氧化碳的毒性等。他摒弃了当时公认的动物血中的糖直接来源于食物以及动物不能合成多糖的认识，用大量实验事实表明：血中的糖不是直接来自食物而是来自肝脏，肝脏能把葡萄糖合成糖元储存起来，肝糖元又可分解成葡萄糖送回血液，供机体所需。他对拉瓦锡的"呼吸是缓慢的燃烧"的见解作了重要补充，认为生物体内的氧化过程不是氧和碳的直接燃烧，而是通过酵素作用发生的间接氧化。氧化的地点不仅是肺，并且是身体的全部组织。他不同意当时流行的"活力论"，而坚信生命力就是化学力。

1858 年发现血管舒张神经。对药物及毒物代谢也有研究，发现箭毒可阻断神经—肌肉接头；一氧化碳中毒是一氧化碳取代了红细胞中的氧。他视人体为统一的功能体，各部分的不同功能密切相关。

1861 年被选为医学科学院院士，之后三年被选为伦敦皇家学会会员。1865 年出版的他的《实验医学导论》一书被认为是生理学发展史上的一个里程碑。1868 年转任自然博物馆的生理学教授。1869 年被选为法国科学院院士，任法兰西科学院院长。贝尔纳在实验生理学方面作出了重大的贡献，他首次发现了胰液的消化作用、肝的产糖功能、血管的舒缩系统以及某种毒药如南美箭毒的作用机理。此外，贝尔纳还提出了"内环境恒定"学说，对以后控制论概念的形成产生了深远的影响。著作有《实验医学研究导论》《胃液及其营养上的作用》《胰液对脂肪消化的功能》《交感神经对脉管运动的意义》《肝脏的造糖》等。

学习永远不晚。

——高尔基

名句箴言

贝尔纳对机体环境的论述

机体生存在两个环境中。一个是不断变化的外环境，另一个是比较稳定的内环境。贝尔纳是这样认为的。

内环境是围绕在细胞周围的体液，包括血液、淋巴、组织液等。深居于机体的内部，为机体的细胞提供了一个适宜的生活环境。内环境本身的一个很大特点，就是它的理化性质变动得非常小。例如它的组成成分的数量和性质,都是相当恒定的。如从狗的血清和组织液内所含的离子相对成分来说则 K 为 6.62,Ca 为 2.8,Mg 为 0.76、Cl 为 139,而且,所有哺乳动物和人其血清和组织液中的离子成分非常相近。再如血液的 pH,正常时为 7.4。它的变动范围一般仅在 7.35～7.47。最大变化范围在 7.0～7.8。超过这个限度,机体就不能生存了,这是多么令人惊奇的稳定程度。这里不妨再举一个例子。18 世纪英国的一个实验生理学家勃来登于 1775 年进行的实验指出:如果空气干燥,人可以在 120℃室温下停留 15 分钟,并无不良反应,体温仍可保持稳定。在此温度下,只用 13 分钟,就可使一盘牛肉烤熟。这说明人或高等动物维持体温恒定的能力是极强的。但是需要注意,若在湿度饱和的空气中,室温虽然只有 48℃～50℃,人只能忍耐很短的时间。这是因为汗液不能蒸发的缘故。也正是因为内环境变动得非常小,就能在机体的外环境不断变化的情况下,使细胞有更大的活动自由。贝尔纳还观察到,高等动物机体许多特性保持的恒定程度比低等动物的要大。他认为,这种差异是由于在进化上逐渐发展了一个内环境的缘故。根据这些观察,他总结出一句话:"内环境恒定是机体自由和独立生存的首要条件。"

这被有识之士认为是贝尔纳对生命现象高度概括的具有丰富内容的一句名言。贝尔纳认为身体内所有的活命机制,尽管种类不同,功能各异,但是只要一个目的,那就是:使内环境保持恒定。这也是他的一个高度概括的极为精辟的见解。因为一旦内环境恒定遭到破坏,生命即告终止。这样看来,对多细胞动物的细胞来说,内环境不仅提供了一个供应营养物质和排除代谢尾产物的媒介,而且也提供了一个稳定的生活环境。

人体进行新陈代谢的过程,实质上是一系列复杂的、相互关联的生化反应的过程。而且主要是在细胞内进行的。这些生化反应都离不开水。体内水的容量和分布以及溶解于水的电解质浓度都由人体的调节功能加以控制。使细胞内和细胞外体液的容量、电解质浓度、渗透压等能够经常维持在一定的范围内。这就是水与电解质平衡。这种平衡是细胞正常新陈代谢所必需的条件,是维持人体生命,维持各脏器生理功能所必需的条件。

但是,这种平衡可能由于疾病、创伤、感染等侵袭或不正确的治疗措施而遭到破坏。如果机体无能力进行调节,或超过了机体可能代偿的程度便会发生水与电解质紊乱。当然,水与电解质平衡紊乱不等于疾病本身。它是疾病引起的后果,或同时伴有的现象。讨论和处理水与电解质平衡紊乱问题,不能脱离原发病的诊断和治疗。不过,当疾病发展到一定阶段,水与电解质平衡紊乱问题甚至可以构成威胁生命的主要因素。因此,对于每一个临床医生来说,正确理解水与电解质平衡紊乱问题的基本概念和生理原则,对于提高医疗质量,特别是救治危重病人都十分重要。

　　人体的组织由内部含有体液的细胞组成,而细胞又浸浴在体液之中,于是,构成了两大体液间隙:细胞内液间隙和细胞外液间隙。细胞外液成为细胞的内环境。这两种体液固然有着明显的差异,各种电解质的浓度截然不同,但是两者之间却维持着相应的平衡。人体水与电解质如此组成和平衡,在生理上有重大意义。它的由来可以追溯到生命的起源。大家知道,地壳年龄约 40 亿年,海洋的形成约在15亿—20亿年前,早期海洋沉积物少,几乎是淡水,由于陆地上各种各样矿物质,或多或少溶在水里,由河流灌入海洋,海水的成分发生了改变。按地质年代划分,寒武纪以前,远古的海洋内,钾的含量远比现代海洋高。而钠盐的含量较少。到 7 亿年前,海洋的钠盐的含量才达到现在的 60%。生命起源于海洋,海水具有维持生命的微妙性能:

　　1. 海水不仅是电解质的溶剂,也是氧和二氧化碳的溶剂。但是二氧化碳易于挥发,很容易从海面逸散。

　　2. 海洋容量很大,海水的温度、氢离子浓度和渗透压都较稳定。

　　3. 海水的成分改变极为缓慢,以亿年计,才显示其变化。

　　海洋的上述性能,为生命的维持和发展,提供了理想的环境。人类以及其他脊椎动物的细胞内液具有普遍的共性,即钾的含量较高,与细胞外液不同。根据推测,人类细胞内液的电解质组成近似寒武纪以前,远古时期的海水,与现代的海水不同。这是生命起源于海洋的一种遗迹,也是一个佐证。亿万年过去了,自然的演变使地球经历了无数的变化。海水的组成变了,海内生物也相继适应了这个环境的变化。随后,有的生物脱离了广阔的海洋,向陆地迁移。这些生物在迁移的过程中,在它们的体内带上了个小"海洋",把海水环境封闭在一个狭小的细胞外间隙中,成为体液的一个组成部分。这样,生物生存的环境变了,但是,细胞的内环境仍然不变。昔日的海水,相当于今日的细胞外液,细胞依然浸浴在海水之中。这是生物进化中耐人寻味的演变。

细胞内液——相当于寒武纪前远古的海洋。

细胞外液——相当于寒武纪后,现代以前的海洋。

一个富有兴趣而重要的问题是:内环境是怎样发生的?这曾经引起过许多科学家的研究和注意。

一般认为,生命起源于海中。在海中,生物从最原始形势发展到较复杂的形式。此后,有的仍旧居住在海中,有的则移向淡水,有的甚至进而移行到陆地上生存。单细胞生物生活在海中,它的环境只有一个,那便是它周围的水。水可以向它提供食物和氧气,又可以把它排泄出的废物带走。这样,它的命运也便完全由这个外环境来决定。水在,就可以继续生存,水枯,就不能免于死亡。但是海水的量是那么浩瀚,海水的性质变动得也非常慢。由于海水的比热比较高,大量的热也只能使海水的温度产生极小的变化。由于海水的黏滞度比较大,在剧烈的机械动荡下它受的影响也很小。因此,对单细胞生物来说,环境是很稳定的。

但是,由单细胞发展为多细胞生物,情况就不同了。若仅依靠水为唯一的环境,那么,那些在外面的细胞离海水近,就会"近水楼台先得月",而那些深居于内部的细胞,就会因为得不到营养,排泄物不能排泄而死亡。生物进化也就不可能。但是,正是由于产生了内环境,才敲开了生物进化的第一道大门。如果我们比较一下不同动物体液内所含的离子的相对成分,就会发现一个重要现象:从低等到高等动物,包括淡水动物和陆生动物,它们体液中的离子成分非常相似。因此,使人推想,它们是否有一个共同来源呢?在20世纪20年代,麦卡拉姆曾提出一个重要理论:一切动物的体液皆导源于海水。他认为,原始有机体的细胞是与其周围的海水相适应的。随着动物的进化,体腔与外界隔开,被包入体内的体液,虽然经多种演化,但是,还保持其在体腔封闭前与原始海水相似的成分。

如果这个论断是正确的话,那么,我们的血液只不过是经过了或多或少改变的海水而已。但是为什么我们人的血清比海水含有相对更多的钾和更少的镁呢?麦卡拉姆认为,根据地质学家的估计,原始的或古代的海水中含有比现代海水更多的钾和更少的镁。自那以后,由于不同的化合物沉积于海底,以及江河逐渐冲刷陆上的一些盐类到海里,就使得现代的海水含有更少的钾和更多的镁。麦卡拉姆还相信,脊椎动物发源于原始脊椎时代的海水中。那时海水的成分与现代脊椎动物的血清的离子成分极为近似。这样,原始脊椎时代海水的成分,却由脊椎动物的细胞外液保持下来。

总之,麦卡拉姆观点的要点是,生命在若干万年前发源于海水中。不同动物的血液系统在不同的时间封闭起来与海水隔离,但它们的后代的血液成分,却一直由于遗传关系原封不动地保存下来。以上麦卡拉姆关于内环境导源于海水的理论看起来确实是够吸引人的,但是,后来的研究者认为,他的看法显得太简单了。这是他的理论的最大的弱点。如果我们把海中的一个无脊椎动物,例如海蟹,放置在稀释的海水中,那么,我们会看到,它体内的盐类会逸出到周围水中。如果我们将钾离子注入这个动物的体内,很快就会看到钾离子也由体内逸出到周围水中。这说明离子是可以透过动物的体表面的。因此,动物的血液系统在进化中封闭后,不可能长期保持其成分不变。它与外环境必然存在着一种主动的生理过程以维持二者之间的动态平衡。如果以上观点是正确的话,那么我们将会看到,当动物的排泄器官在进化中变得更为有效时,它的血清和海水成分的差别将越来越大。最后,关于内环境来源于海水的理论,可以作如下几点结论:

1. 在过去很早的一个时期,海水的成分适宜于生命的发生,生命发源于海洋。

2. 今日的动物,虽然都是多少万年以来沿着不同的进化道路演变的产物, 但它们体液中的离子成分却非常相似。这使人设想:体液来源于原始的海水。

3. 原始的海水比现代海水含有更多的钾和更少的镁。而正是那个时候,海水的成分与今日动物血清的成分极为相似。

4. 自从动物的体腔与原始海水隔开以来,其血清的成分并不是静止地靠遗传影响保留下来的,而是靠主动过程的泵的作用,与外环境保持着动态平衡。排泄器官起着重要作用。动物越进化,其维持内环境与现代海水成分的差别的能力就越强。

名句箴言

少而好学，如日出之阳；壮而好学，如日中之光；老而好学，如炳烛之明。

——刘向

贝尔纳留给我们的

贝尔纳的实验室

贝尔纳的实验室是在地下，他为了预防自己受潮，整天穿着木底鞋。当时，这些实验室都是私人所有，要购置必要的仪器设备，没有足够的钱财是不可能的。所以，只有出身于"家产万贯"的富裕人家的子弟才能进行物理实验。物理学家往往把自己的仪器设备看得非常宝贵,有的仪器被打磨得锃亮,有的精心油漆,妥善地摆放在玻璃柜中。杜隆几乎把自己全部财产都花费在购置仪器上;菲涅耳为了做他的实验,付出了大量资财;傅科的许多实验也是在家里做的;电流磁效应发现不久,学者们聚集在安培的住宅门前,为的是一睹通过电流后使磁针偏转的细铂丝。直到 1868 年,由于德国明显地有超过法国的趋势,才使法国政府认识到应该对科学家的工作提供必要的支持。最有名的一件事是,拿破仑三世亲自下令,给上面提到的贝尔纳专门建立一间实验室。19 世纪初,法国是实验研究的中心,例如,以精密量计著称的法国工艺学院早在 1793 年就已成立,开始大概是作为博物馆之类的场所,1829 年建成实验室。但即使在法国,条件也是很差的,科学家仍然是在相当艰难的情况下从事实验工作。例如:著名实验生理学家贝尔纳工作在潮湿的小地窖中,他甚至管这个地方叫"科学研究者的坟墓"。

用实验说话

19 世纪法国的实验生理学领域还是一派荒芜的景象,各种错误的假说蔓延,遮蔽了人们正确的视线。贝尔纳的老师马让迪曾有一句名言:在进入实验室之前,请把各种假说连同你的大衣留在门外。显然,马让迪对实验方法的重视犹如

细胞学说的最终形成与发展

一股清新之风,为实验生理学的复兴带来了生机。然而,正是依靠贝尔纳杰出的活体解剖技术,实验生理学才结出了丰硕之果。贝尔纳的第一个发现是胰液在脂肪消化方面的作用。这是由一次偶然机遇导致的发现。一天,从市场买回来的兔子被带到实验室,恰巧碰上它们在桌子上撒尿。贝尔纳发现,它们的尿液是清澈和酸性的。通常食草类动物的尿液应是混浊的和碱性的,只有食肉类动物才有清澈、酸性的尿液。这是怎么回事呢?贝尔纳经过思考后认为,这必定是由于当时的兔子正处于食肉类的营养状态。它们可能很长时间没有吃东西了,正依赖于消化体内的脂肪而生存。为了证实这一假定,贝尔纳立刻给兔子喂草吃,数小时后,尿液就混浊而呈碱性了,然后又给它绝食,尿液再次呈清澈、酸性。多次地重复总是得到相同的结果。接着,贝尔纳改变了做法。他给兔子吃熟的冷牛肉,然后进行解剖,以观察这些牛肉是否已经消化。结果他发现白色的牛奶状的淋巴液首先是在十二指肠的更底部分,大约幽门下 30 厘米处。这个事实立刻吸引了贝尔纳。因为他在解剖狗时,首先见到淋巴液是在十二指肠的更高部位,即在靠近幽门处。在做了更仔细的观察以后,贝尔纳终于发现,这种差异与胰脏的位置有关。胰脏正位于淋巴液开始含有乳糜的地方,而乳糜是脂肪乳化后的产物。现在在兔子这里,白色的乳糜形成于胰液流入肠的地方。因此,正是胰液使得脂肪乳化形成乳糜。

但是,贝尔纳还不满足。他认为从实验中得到的假说还需再回到实验中去加以证实。他希望获得胰液起消化作用的直接证据。但是,胰液与唾液和尿液不同,它不能自然地流至体外;相反,胰脏位于腹腔的深处。这样,贝尔纳只得借助于活体解剖技术来获取足够数量的胰液。贝尔纳发现,当这些胰液与植物油或融化的脂肪相混合后,就会立即持续地乳化,之后又会借助特殊的酶使脂肪酸化,并将其分解为脂肪酸、甘油等。这可以说是胰液具有消化脂肪功能的首次发现。如果说,胰液消化作用的发现是缘于偶然的线索,那么贝尔纳的有些实验则一开始就出自精心的设计。对南美箭毒的研究就是一例。这种箭毒通过伤口进入动物体内并讯速地使动物死亡。但是,对其致死机理人们却一无所知。动物临死前没有震颤,没有吐泡沫,也没有狂喊。于是,贝尔纳着手做一系列实验。1844 年,他用青蛙作实验材料,对中毒死亡的青蛙作解剖,结果发现其心脏仍在跳动,血液正常,肌肉也保持正常的收缩性,然而刺激它的神经却没有引起肌肉运动。多次的实验均是如此。贝尔纳从中得出结论:引起死亡的真正原因在于控制呼吸肌的神经不再起作用;而心肌因有其固有节律,故仍能跳动。所以,动物是死于窒息。通过箭毒中毒实验,贝尔纳证明了肌肉具有自主兴奋性。他用箭毒破坏神经和肌肉之间的连接,发现肌肉仍有收缩反应。对此,贝尔纳作了一系列的推理:箭毒没有伤害肌肉,也没有伤害神经，但是它阻止了通过神经引起的肌肉兴奋，因此箭毒必定作用于神经和肌肉相连接的地方。犹如层层剥笋，贝尔纳在实验的基础上通过推理，一步步地接近了问题的本质所在。这些实验典型地反映了贝尔纳的工作风格。这就是从实验中捕捉线索，进而提炼出假说，然后再把这一假说通过实验来加以证实，由此得到一个新的发现。

坚持走自己的道路

如前所述，贝尔纳的实验主要是通过活体解剖技术来完成的。然而，由于种种误会和猜忌，活体解剖技术在当时声誉不佳，尤其是某些宗教界人士对活体解剖持敌视态度。贝尔纳的妻子对宗教极为虔诚，因此她极力反对活体解剖。多年的焦虑、与妻子的争吵以及长期在又冷又潮的地下实验室里工作，严重地损害了贝尔纳的健康。然而，各种偏见以及不公正的待遇并未使贝尔纳畏惧和退缩，他义无反顾地献身于这项事业，因为他坚信："只有通过实验才能建立生命的科学。我们只有在牺牲了某些生命之后，才有可能将生命从死亡中拯救出来。"所以他认为，"生理学家不是一个时髦人物，而是一个科学人物。他被自己所追求的科学思想所吸引，再也听不到动物的喊叫声，再也看不到流淌着的鲜血。他所看到的只是自己的科学观念，他所感到的只是那些他想去探索的隐匿于生物体中的奥秘。"这就是一个高尚的科学家的情怀。为此,他敢冒天下之大不韪,走自己的路,由别人去说。

要工作，要勤劳：劳作是最可靠的财富。

——拉·封丹

名句箴言

细胞学与其他学科的关系

一、细胞学与胚胎学

对细胞功能,不能像研究结构那样,在一团组织里找一个细胞作为研究对象。卵子是研究细胞极为方便的材料。既然用卵子,研究它各部分的作用当然要根据对发育中的影响来判断。早期胚胎学的研究证明细胞核在遗传潜能上是等同的,只是在以后的发育中,通过细胞质或细胞间的相互作用才受到不同的调节而产生不同。

　　这样一来对于细胞核的作用也有了充分的估价。当时已认识到各个染色体有质的不同，染色体是有个性的。总论当时的成就，1883 年德国胚胎学家鲁曾经表达这样的设想："不仅染色体，而且每一染色体的各个部分，对于决定个体的生理和形态可能都是相当重要的。"1887 年德国动物学家魏斯曼提出种质的假说。胚胎学的研究还为细胞学提供了重要的实验方法，这就是组织培养。到今天，不仅是研究活细胞的各方面，甚至对许多其他学科来讲也是必不可缺的技术。

二、细胞学与遗传学

　　细胞遗传学是遗传学与细胞学相结合的一个遗传学分支学科。研究对象主要是真核生物，特别是包括人类在内的高等动植物。早期的细胞遗传学着重研究分离、重组、连锁、交换等遗传现象的染色体基础以及染色体畸变和倍性变化等染色体行为的遗传学效应，并涉及各种生殖方式如无融合生殖、单性生殖以及减数分裂驱动等方面的遗传学和细胞学基础。以后又衍生出一些分支学科，研究内容进一步扩大。

　　1900 年重新发现孟德尔的研究成就后，研究有力地推动了细胞学的进展。美国遗传学家和胚胎学家摩尔根研究果蝇的遗传,开始从细胞解释遗传现象,发现遗传因子可能位于染色体上。利用突变型与野生型杂交,并且对其后代进行统计处理,可以推算出染色体的基因排列图。在寻找遗传的物质基础的推动下,染色体的研究在面上铺展开了许多其他动、植物物种的细胞分裂、染色体行为、染色体图谱都被研究过。广泛开展的性染色体形态的研究,也为雌雄的决定找到细胞学的基础。有的动物是 XX、XY 型,有的是 ZZ、ZW 型。细胞学和遗传学联系起来,从遗传学得到定量的和生理的概念,从细胞学得到定性的、物质的和叙述的概念,逐步产生出。

1901—1911 年间,美国细胞学家麦克朗、史蒂文斯和威尔逊等先后发现在直翅目和半翅目昆虫中雌体比雄体多了一条染色体,即 X 染色体,从而揭示了性别和染色体之间的关系;1902—1910 年英国遗传学家贝特森等把孟德尔定律扩充到鸡兔等动物和香豌

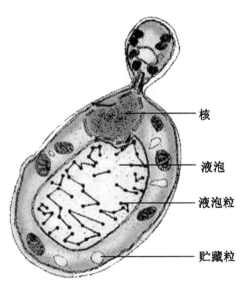

核

液泡

液泡粒

贮藏粒

液泡

豆等植物中,并且创造了一系列遗传学名词:遗传学、同质结

合、异质结合、等位基因、相引和相斥等,奠定了孟德尔遗传学的基础;从 1910 年到 20 年代中期,美国遗传学家摩尔根、布里奇斯和斯特蒂文特等用果蝇作为研究材料,用更为明确的连锁和交换的概念代替了相引和相斥,发展了以三点测验为基础的基因定位方法,证实了基因在染色体工作线性排列,从而使遗传的染色体学说得以确立。细胞遗传学便在这一基础上迅速发展。

从细胞遗传学衍生的分支学科主要有体细胞遗传学——主要研究体细胞,特别是离体培养的高等生物体细胞的遗传规律;分子细胞遗传学——主要研究染色体的亚显微结构和基因活动的关系;进化细胞遗传学——主要研究染色体结构和倍性改变与物种形成之间的关系;细胞器遗传学——主要研究细胞器如叶绿体、线粒体等的遗传结构;医学细胞遗传学,这是细胞遗传学的基础理论与临床医学紧密结合的新兴边缘科学,研究染色体畸变与遗传病的关系等,对于遗传咨询和产前诊断具有重要意义。

孟德尔定律揭示了以有性生殖为基础的遗传学规律。但是生物界中还存在着各种不同的生殖方式,例如无融合生殖、孤雌生殖、孤雄生殖。在通过这些生殖方式得到的子代中,性状比例不符合孟德尔比例。此外在一般有性生殖过程中也可能出现不符合孟德尔定律的现象,例如减数分裂驱动这些现象的研究同样属于细胞遗传学范畴。

细胞遗传学是遗传学中最早发展起来的学科,也是最基本的学科。其他遗传学分支学科都是从它发展出来的,细胞遗传学中所阐明的基本规律适用于包括分子遗传学在内的一切分支学科。

三、细胞学与生理学

在这个阶段用实验方法研究细胞其他部分的功能,没有得到使人满意的结果。在那时看来,在通透性方面细胞膜都是被动的;但是细胞还能够逆着扩散梯度或浓度梯度主动地摄入或排出某些物质。那时对细胞呼吸的理解主要局限于食物经过各种的作用产生出热量。了解到食物在细胞中的燃烧不是通过一次突然的氧化而把全部能量以热的形式释放出去,而是逐渐地通过一个个小的阶段,一步一步地获得并且利用少量的能量的过程。

四、细胞学与化学

细胞化学是研究细胞的化学成分,及其在细胞活动中的变化和定位的学科。即在不破坏细胞形态结构的状况下,用生化的和物理的技术对各种组分做定量的分析,研究其动态变化,了解细胞代谢过程中各种细胞组分的作用。

　　细胞化学和组织化学的发展是分不开的，都是建立在细胞学、组织学以及生物化学的基础上。对细胞中的不同组分进行区别着色是细胞化学中最基础的工作。19世纪初叶，法国植物学家拉斯帕伊在研究禾本科植物的受精作用时，首次发现了淀粉的碘反应。此后他还建立了蛋白质的黄色反应，硫酸对于糖醛及蛋白质醛基反应等鉴定方法，因此他被认为是组织化学的创始人。

　　动物方面的组织化学和细胞化学的研究开展较晚。珀尔斯1867年用普鲁士蓝显示细胞中的铁质，克文克1868年用黄色硫化胺溶液与细胞中的铁质化合成为黑色的硫化亚铁进行显示等方法，至今仍在应用。

　　1844年米利翁叙述了蛋白质反应，1853年霍夫曼指出，这个反应实际上是一个测定酪氨酸的方法，直至1888年，莱特格尔才开始利用米氏反应进行研究工作。1868年克莱布斯和1872年施特鲁韦分别显示出组织中酶的存在。他们指出树胶酊遇脓变成蓝色，这是确定组织中有过氧化物酶存在的首次报道。

　　1895年埃尔利希用"纳笛"反应首次显示细胞色素氧化酶。在异色性方面，甲基紫显示糖蛋白；天竺牡丹显示肥大细胞、唾液腺黏液；杂硫氧苯染料如亚甲蓝、硫堇、亚甲绿、甲苯胺蓝、天青蓝等对多糖的异色性染色亦相继被发现。

　　组织化学、细胞化学是在形态学和生物化学已有一定基础,苯胺染料技术发展到高峰的 20 世纪 40 年代才活跃起来的。本克 1862 年首次应用苯胺染料,这是组织学方法上的一次革命。1936 年比利时的组织化学家利松的《动物组织化学》一书总结了组织化学的优缺点及发展的方向,把组织化学推向高潮。

用于细胞化学研究的染料可以是碱性的也可以是酸性的。酸性染料的生色基团是硝基和醌基;碱性染料的生色基团,包括着偶氮基吲胺基。染色的原理是基于在酸性染料中具有染色作用的阴离子和细胞内的碱性物质相结合,而碱性染料中的阳离子和细胞内的酸性物质相结合,所以酸性的细胞成分被碱性染料所染色,而碱性的细胞组分则被酸性染料染色。

原位细胞化学所用的方法多是把单层的培养细胞,或把恒冷箱制备的新鲜而又薄的冰冻切片放在一定溶液内温育,使待测的物质或酶与染料或试剂发生专一性的反应,要求在原位上直接形成或变为不溶解的产物。有颜色的产物用光学显微镜,荧光产物则用荧光显微镜,吸收紫外光的物质用石英或反射显微镜,观察其在细胞结构上的分布。高电子密度产物可在电子显微镜下观察。

细胞化学对酶的研究一般是将薄的冰冻切片用适宜的底物温育,然后来测定酶在细胞内的位置。组织化学家格莫里是最早进行这方面工作的科学家,他在测定碱性磷酸酶时是用甘油磷酸钠为底物,酶水解释放的磷酸根与底物溶液中的某些离子结合产生非溶性的金属盐,后又转变成金属铅,硫化铅,硫化钻及其他有色的化合物而得以显示出来。利用物理技术研究各种细胞组分的方法主要有细胞光度法、荧光显微法、免疫细胞标记等。细胞光度法是利用某些细胞组分会吸收不同的紫外光的特点进行研究区分,如核酸吸收光波是 260 纳米,蛋白质是 280 纳米,有些染色反应产物也有对可见光谱的特异吸收能力,都可用细胞光度计进行定量分析。

细胞化学未来的发展方向是如何将细胞超微结构与局部的化学分析联系起来,这将会对研究细胞成分方面起重要作用,还为自动影像分析技术提供更多的新染色方法,使细胞组分着色对比清晰,便于细胞精细结构进行定量测定。

定量细胞化学虽是细胞化学发展的主要方向,但仍有不少困难。有关仪器方面的问题已逐渐得到解决;但在固定细胞,反应的化学计算方法和反应产物的弥散等方面仍存在不少困难。判断任何定量细胞化学方法均有赖于用正确的模式系统,还要与其他方法所得的结果进行比较,方能满足今后研究的需要。细胞化学的研究在农业、医药、医疗等学科和方面都有着广泛的应用,如癌细胞检测等。

五、细胞学与其他学科

首先是电子显微镜的应用产生了超显微形态学。比利时动物学家布拉谢利用专一的染色方法研究核酸在发育中的意义。差不多与此同时,瑞典生化学家卡斯珀松创建了紫外线细胞分光光度计,来检测蛋白质、DNA 和 RNA 这些物质在细胞中的存在。在他们工作的基础上发展起了细胞化学。20 世纪 40 年代开始逐渐开展了从生化方面研究细胞各部分的功能的工作,产生了生化细胞学。放射性同位素的应用也为研究细胞中的代谢过程开辟了新的途径。

可以看出,对于细胞的研究,在使用电子显微镜后在亚显微结构方面的深入,以及在应用生化技术后在功能方面的深入,已经在为细胞生物学在分子水平上研究细胞的生命现象的形成创造了条件。所以在后来,在分子遗传学和分子生物学优异的成就的影响之下,细胞生物学这一新的学科很快地形成了。

名句箴言

读书而不思考，等于吃饭而不消化。

——波尔克

细胞学说的发展

细胞生物学是利用物理学和化学技术，以及分子生物学的方法、概念，在细胞水平上研究生命活动的科学，其本质问题是遗传与发育的问题。

20 世纪 50 年代以来，关于细胞的超显微结构的研究，使人们对于光学显微镜下看不到的精细结构有了明确的认识。分子生物学、分子遗传学以原核生物为材料取得的成就,使人们了解到遗传密码、中心法则以及原核生物中基因表达的调节与控制等基本问题,这些都直接促进了细胞生物学的发展。

细胞生物学虽说是一个比较年轻的学科,从学术思想上却可以追溯到较早的年代。1863年德国胚胎学家鲁就阐述过关于遗传和发育的设想。他假定受精卵中包含着所有的遗传物质,后者在卵裂时不是平均地分配到子细胞中,这种不同质的分裂决定子细胞及其后代的命运。

德国动物学家魏斯曼发展了这种想法,提出了种质学说,认为裂球的不均等分裂导致了细胞的分化。虽然这些见解已证明是错误的,但可以看出细胞生物学所要解决的问题在那时已被提出来了。

以后威尔逊1927年在他的《细胞——在发育和遗传中》的巨著中明确指出:细胞是生命活动的基本单位,发育和遗传这些生命现象应当在细胞上研究。1934年,美国遗传学家和胚胎学家摩尔根在遗传学取得巨大成就之后,在企图融合发育与遗传的《胚胎学与遗传学》一书中就曾设想通过细胞将胚胎各部分发育和进化统一起来。

但在摩尔根的年代,由于细胞学和其他相邻学科还未发生密切的联系,或者说其他学科尚未能在细胞水平上开展关于发育和遗传的研究,所以细胞生物学只能在20世纪50年代之后,各方面的条件逐渐成熟了,才得以蓬勃发展。

细胞生物学的基本内容:

细胞生物学与其说是一个学科,倒不如说它是一个领域。这可以从两个方面来理解:一是它的核心问题的性质——把发育与遗传在细胞水平结合起来,这就不局限于一个学科的范围。二是它和许多学科都有交叉,甚至界限难分。

例如,就研究材料而言,单细胞的原生动物既是最简单的动物,也是最复杂的细胞,因为它们集许多功能于一身。但是这类研究也可以列入原生动物学的范畴。其次,就研究的问题而言,免疫性是细胞的重要功能之一,细胞免疫应属细胞生物学的范畴,但这也是免疫学的基本问题。

由于广泛的学科交叉,细胞生物学虽然范围广阔,却不能像有些学科那样再划分一些分支学科。如果要把它的内容再适当地划分,可以首先分为两个方面:一是研究细胞的各种组分的结构和功能,这应是进一步研究的基础,例如基因组和基因表达、染色质和染色体、各种细胞器、细胞的表面膜和膜系、细胞骨架、细胞外间质等等;其次是根据研究细胞的哪些生命活动划分,例如细胞分裂、生长、运动、兴奋性、分化、衰老与病变等,研究细胞在这些过程中的变化,产生这些过程的机制等。

当然这仅是人为地划分,这些方面都不是各自孤立的,而是相互有关联的，一定要把细胞作为一个整体看待，一定要把生命过程和细胞组分的结构和功能联系起来。

既然细胞生物学的主要任务是把发育和遗传联系起来，细胞分化这个问题的重要性就不言而喻。因为就整个有机体而言，遗传特点不仅显示在长成的个体，而是在整个生命过程不断地显示出来。而细胞的分化也就是显示遗传特征的过程。

一个经常被引用的例子是红细胞中血红素的转换。人类胚胎早期的红细胞中首先出现胚期血红素，后来逐渐被胎儿期血红素所代替，胎儿三个月之后，后者又被成体型血红素所代替。关于这些血红素已经有很多研究例如它们各自由那些肽链组成，这些肽链在个体发育中交互出现的情况，它们各自的氨基酸组成和排列顺序，各个肽链的基因位点，以至基因的结构都已比较清楚，工作可以说是相当深入了。

但是，追根到底有些问题依然没有得到明确的解答，甚至没有解答——这也适用于关于其他细胞的终末分化的研究。

实现了终末分化的细胞，已经失去了转变为其他细胞类型的潜能，只能向一个方面分化。例如红细胞，虽然发生血红素的转换，但不能转变为其他类型的正常细胞，与胚胎细胞相比，它们的情况要简单些，因为胚胎细胞在尚未获得决定的时候是具有广泛潜能的。拿中胚层细胞来说，它们既可以分化为肌细胞，也可以分化为前肾细胞、血细胞、间质细胞等。

细胞生物学的研究往往乐于使用培养的细胞,它的优点是可以提供足够量的细胞做生化分析,并且只有一种细胞,材料比较单一,分析结果方便。但是对于某些方面的研究则有不足之处,因为细胞在任何一个有机体里都是处于一个社会之中,和别的细胞不同程度地混杂在一起,在其生命活动中不可能不受到相邻的其他细胞的影响,甚至是相邻的同类细胞的影响,其处境要比培养的细胞复杂得多。因此为了研究在一个细胞群中细胞与细胞间的相互关系,细胞社会学被提了出来。

细胞社会学的内容相当广泛,包括不同细胞或相同细胞的相互识别,细胞的聚集与粘连、细胞间的交通和信息交流,细胞与细胞外间质的相互影响,甚至还可包括细胞群中组织分化模式的形成。有些方面已经积累了一些资料,从细胞社会学的角度有目的地深入下去一定会提供更系统的,有用的信息。由于细胞社会学是以细胞群体为对象,而且有些问题也是发育生物学需要了解的,发展下去很可能它会成为细胞生物学与发育生物学之间的桥梁。

展望细胞生物学的研究,除了关于各细胞组分的结构与功能,以及对各种生命现象的研究还要继续深入外。研究是什么原因使得基因能够有序地选择性地表达,可能会成为今后重点研究的问题。此外细胞社会学也会越来越受到重视。

Follow Me!

跟我来!

细胞是一切生命体的基本物质构成。当然,这不是说,细胞就没有属于自己的物质构成;人们知道,细胞是一种可以发生裂变和增殖的生命体。当然,这也不是说,细胞就不可以发生聚变;大家又知道,细胞的裂变就是细胞核在裂变,当然,这更不是说,细胞核与细胞核之间就不可以发生聚变了。

细胞学说是19世纪30年代建立起来的一门科学,但是,细胞这一名词由来、使用则始于17世纪并由英国科学家胡克首先提出的。当他用自制的显微镜观察软木时,发现有包围着的小空隙壁的物质的存在,于是他把该"小室"称细胞。后来,意大利解剖学家马尔比基和英国植物学家格鲁均独立发现。

1759年,德国科学家沃尔弗通过精确观察,证明成体动物的肢体和器官是在胚胎发育过程中从一片简单的组织发展起来的,而不是一个事先构造的机械的扩大。这样,沃尔弗便以"后成论"驳斥了"先成论"。该理论说明,有机体的形体存在着一个分化或者说发育过程。但是,在形体分化的途径是由什么来决定的问题上存在着一个错误的认识，那就是，他认为这是由于自然界充满了生命力造成。

1809 年，德国自然科学家奥肯在《自然哲学纲要》一书中，沿着思维之路，提出了细胞假说。他认为，一切生物都起源于一种简单的生活物资，这种物质是一种半固态、半液态的胶液，他称为"原始黏液"；他认为，"原始黏液"是由海洋中的无机物转化而来的，以后变成了"纤毛虫样的小泡"。

这些小泡以不同的方式结合，最后形成各种形态的高等动植物。奥肯的假说虽然带有思辨性和推测性，缺乏实验依据，却具有合理性，包含了生物的进化论思想，被恩格斯称为采用进化论的第一人。

随着消色差显微镜的问世，人们得以直接观察到有机细胞的详细的结构情况，对细胞的构造也有了比较清楚的了解。到了 1832 年，英国植物学家布朗终于观察到了植物细胞核。不久，捷克生物学家普金叶等人在观察到动物的细胞也有核，普金叶和法国动物学家杜雅丹观察到细胞中存在活的、有生命力的质块。这样，人们对细胞构造便有了初步的认识，即细胞是个很小的、内部含有一个核的质块。

细胞学说的最终形成与发展

现在已经知道，细胞是能够表现生命现象的一个基本功能单位，一般由细胞核、细胞质和细胞膜组成。在细胞质中还有许多小器官的存在，人们把它们称为"细胞器"，而在植物细胞膜的外面，还有一层较厚的细胞壁。人们又知道，细胞的体积通常很小，须用显微镜才能观察得到；但是，大型的细胞如洋葱的细胞、卵细胞用肉眼是可以观察到的，而有的神经细胞的突起部分，可以达到 1 米以上呢。

细胞的本质，是一个层次的生物场。

我们知道，细胞在生物学中具有相当重要的地位，相当于是原子、分子在无机界中的地位，而细胞学说当然也就相当于化学中的原子论、分子论。那么，细胞的本质又是什么呢？笔者以为，细胞的本质不是别的，正是一个层次的生物场。什么意思呢？就是说，由于细胞是一种物质，所以，像无机界中的物质一样，同样以场的形式存在。我们知道，由于物质存在质量、性量，所以会形成一定的场。

大家知道，细胞学说创建于 19 世纪 30 年代，它是由德国植物学家施莱登和动物学家施旺首先提出来的。1838 年，施莱登在总结了前人的研究成果的基础上，写了《论植物的发生》一文，提出了"植物构造"一说，认为细胞是一切植物结构的基本单位和细胞是一切植物发展的根本实物。也就是说,一切植物都是由细胞发展而来的,或者说植物发育的基本过程也就是作为实物的细胞不断形成和增长。

1839年,动物学家施旺把施莱登的学说推广到了整个生物界,他在当年发表的《动植物结构和生长相似性的显微镜研究》一文中,用了大量的资料证明,动植物的有机体的结构原则上是相似的,它们的一切组织都是由细胞发展而来的,细胞是一切生物的基本构成。他的学说不仅打破了动植物的界限,而且把动物、植物统一在了细胞的基础上。在分子生物学未创立前,能有这样的认识实在可贵。

施莱登和施旺都认为,细胞学说不仅是关于有机体构造的学说,也是关于有机体发育的学说。但是,关于细胞是怎么来的,其发育机理是什么的问题,尽管也曾经有过一些猜想,由于缺乏有力的证据,很难令人信服,但他们的猜想或者说设想对生物学的研究却起到了推动作用。19世纪50年代,德国医生马克和瑞士人寇力克等人把细胞学与胚胎学联系起来认识时,才搞清楚了"细胞分裂"的原理。

随后,贝尔纳的研究发现和理论观念,确实为细胞生物学的发展起到了推动作用,但说他给细胞学说的形成画上一个完美的句号,编者还是持保留意见。

100 多年来,细胞的研究吸引了众多科学家,成为生物科学中最重要的基础学科之一。

人们不仅发现了细胞核中的染色体,而且搞清了染色体是由脱氧核糖核酸和蛋白质盘绕而成的,遗传信息就储藏在染色体的基因中。染色体最大的特点是能够自我复制,由此,才有细胞的增长和生命的延续。

细胞质不是均一的黏液,其中分布着有独特功能的细胞器,如线粒体、核糖体、高尔基体、质体、溶酶体等等。线粒体能产生供细胞内各种物质活动的化合物腺三磷,是细胞内的"动力工厂",核糖体是制造蛋白质的"小工厂",溶酶体中含有的消化酶,可消化细胞中摄取的营养物,而植物细胞中的叶绿体,我们已经很熟悉了,它在光合作用中扮演着重要角色。

包裹着细胞的细胞膜,原来被认为是没有什么复杂结构的薄薄一层膜。现在发现,细胞膜也有很复杂的结构,它们不仅对细胞起着支撑保护作用,而且对调节细胞内外的渗透压,交换营养物和废物,产生抵御外界侵袭的防疫物资等都起着极重要的作用。不仅细胞外有膜,细胞质、细胞核中都有膜。

细胞内的这些结构相互联系,彼此合作,维持着细胞的正常生活。

应当说，人们对细胞内这些亚显微结构，特别是它们的分子构筑与功能的关系，还不是很清楚，分子生物学正帮助细胞工作者向前探索。

随着人们对细胞认识的深入，细胞学也获得了越来越广泛的应用。

细胞内进行的种种化学活动是物种进化、个体发育、生长、繁殖、衰老及一些疾病的基础，因此，要探明发育、生长、衰老、疾病、进化等机理都离不开对细胞的研究。

癌症是严重威胁人类健康与生命的疾病。癌细胞与正常细胞的最大不同就在于癌细胞恶性生长，无休止地分裂。查清影响细胞癌变的因素、癌细胞无休止分裂的机制及让癌细胞逆转的条件，无疑对征服癌症有重大意义。科学家们经过努力，已经获得了不少重大进展。

随着科学技术的不断发展，人类对细胞的认识也在继续，对生物细胞技术的突破也将更上台阶。